大夏书系·班主任专业成长丛书

丛书主编 ◎ 许邦官

# 班级管理智慧案例精选

Banji Guanli Zhihui Anli Jingxuan

主　编 ◎ 熊华生
副主编 ◎ 李　慧

华东师范大学出版社
EAST CHINA NORMAL UNIVERSITY PRESS

○丛书编委会○

(以姓氏笔画为序)

许邦官　庄传超　汪　媛　熊华生

# 目  录

CONTENTS

丛书序言/许邦官 ················································ 1

## 第一辑　治班理念

其实我们可以快乐地教/王　文 ································ 3
班主任育人与医生治病/范　晋 ································ 7
莫学诸葛亮/张建萍 ············································ 12
将"懒惰"进行到底/张学勇 ···································· 16

## 第二辑　班级文化

芝兰之室德更馨/李秩生 ······································ 21
黑板宣言/甘　露 ·············································· 24
打造"水"样文化/戚成林 ······································ 26
有关自行车的教育/周升亮 ···································· 28

## 第三辑　班干部队伍建设

班主任如何开好班干部会/武正斌 ………………………………… 35
学生不愿意当"官"怎么办/刘海龙 ………………………………… 38
消除班干部怨气的四种方法/王华良 ……………………………… 42
缓冲带，让班主任更受欢迎/咸有桃 ……………………………… 45

## 第四辑　日常管理

不妨也来个班务公开/张世意 ……………………………………… 49
班级管理金点子/郑立平 …………………………………………… 52
我班的程序管理/刘令军 …………………………………………… 57
班级管理策略/李瑞娟 ……………………………………………… 62

## 第五辑　班规班纪

在"对话"中制定班规/尧卫国 …………………………………… 69
法治是民主管理的必然方向/熊华生　郑学志 …………………… 74
换个角度谈纪律/薛伟强 …………………………………………… 80

## 第六辑　教育合力

承诺的代价/屈太侠 ………………………………………………… 87
心灵的触摸/薛东银 ………………………………………………… 89
爱的心结/王　晖 …………………………………………………… 91
点　灯/詹明建 ……………………………………………………… 93
如此家访，不亦乐乎/陈小红 ……………………………………… 95
召开班务会，实现班级有效管理/彭　涛 ………………………… 98

巧妙拒绝家长的不合理要求/张建权　陈　云 …………………… 101

# 第七辑　师生和生生关系

相视一笑/刘承宁 ……………………………………………………… 107
传女不传男/钟　杰 …………………………………………………… 109
学生们的阳光"暗计"/张　森 ……………………………………… 112
我和学生有个约定/高智华 …………………………………………… 114
"弱将"手下有"强兵"/任　芳 …………………………………… 116
巧解师生矛盾三例/吴瑞国 …………………………………………… 118
向学生借书/蔡素琴 …………………………………………………… 121
悄悄地离开/史　峰 …………………………………………………… 123
理发逸事/李六林 ……………………………………………………… 125
学生"爱"上了我/张颖琦 …………………………………………… 128
师生矛盾巧处理/魏　强 ……………………………………………… 131
我为学生写"传记"/陈振华 ………………………………………… 135
如何处理学生的"投诉"/祁长翠 …………………………………… 138
学生怎样给老师提意见/王理尧 ……………………………………… 143
借钱给学生的学问/许宏芹 …………………………………………… 146

# 第八辑　特殊学生教育

后进生转化"偏方"/古明秋 ………………………………………… 151
怎样应对难缠的学生/周传福　徐林峰 ……………………………… 154
三大班主任比巧计/唐勇斌 …………………………………………… 160
金钱不是万能的/徐初苗 ……………………………………………… 164
让他充当"测谎仪"/陈　正 ………………………………………… 167

隐形的翅膀/张　红 …………………………………………… 169
戒烟记/张蕴辉 ……………………………………………… 171
向空椅子倾诉/沈晓莺 ……………………………………… 174
巧妙处理失窃事件/汤成标　章桂梅 ……………………… 176
教育比"破案"更重要/程　伟 …………………………… 179
用"心"面对"坏"学生/王梅南 ………………………… 182

## 第九辑　激励与惩罚

治班"警示钟"/申邦全 …………………………………… 189
如何合理运用表扬与赏识/陈庆云 ………………………… 193
正确运用写检查/张　生 …………………………………… 197
批评的幽默/周　羽 ………………………………………… 200
较　量/杨　聪 ……………………………………………… 202
造句引起的改变/李团结 …………………………………… 206
巧妙的批评/向华梁 ………………………………………… 208
苦肉计/刘兆伟 ……………………………………………… 210
惩罚，可以这样进行/梁　好 ……………………………… 212

## 第十辑　新人·新班·毕业班

如何让学生在新班中找到归属感/张美凤　孙陈建 ……… 217
开学了，给您支几招/杨富娥 ……………………………… 220
"班丑"不可外扬/刁云侠 ………………………………… 223

后　记/编　者 ……………………………………………… 225

# 丛书序言

有这样一个故事：

学生A上。"老实说，你吸烟吗？""不吸。""不吸？嗯，吃根薯条吧。"老师递过薯条。学生A很自然地伸出两根手指夹着接过来……

学生B上。"吸烟吗？""不吸。""不吸？嗯，吃根薯条吧。"学生B小心地接过薯条，暗暗感激学生A（幸好早有准备）……"不沾点番茄酱吗？"学生B一不留神沾多了，马上用两根手指往碗里弹……"不吸？烟灰弹得很熟练嘛……"

学生C上。"吸烟吗？""不……吸……"学生C汗流浃背，如履薄冰地吃完薯条。"你不给你同学带一根吃吗？"C接过薯条并顺手将薯条夹在耳朵上……

学生D上。"吸烟吗？""不吸。"总算有学生把薯条放在口袋里了……老师突然喊道："校长来了。"学生D慌忙地把薯条从口袋里拿出来扔到地上，并使劲地踩了踩……

这个情节夸张的故事，严格说来是一则笑话，我想，这更是一则有关班主任工作的教育童话，"谈笑间，樯橹灰飞烟灭"。

近三十年来，以朋友的亲切、朋友的体贴、朋友的关怀，《班主任之友》杂志，始终与全国广大的一线班主任一起行走在践行理想的教育之路上，一起抒写并实现着这样的教育童话。

坚持，就能穿越平凡；根植，就能成就绿荫；用心，就能成就伟大。

班主任工作是极富挑战性的。班主任这个群体，以自己的儒雅、纯真、童心和诗意，刻画着岁月丰欠的年轮，描绘着教育理想的蓝图。在这里，青春因梦想而精彩，生命因奉献而美丽。

作为一本始终陪伴在班主任左右的专业杂志，《班主任之友》见证了许多普通教师从青涩走向成熟，进而成长为优秀班主任直至专家型班主任的过程，也帮助了许多班主任走出迷茫和彷徨。每一个教师在成为班主任之初，都怀着激情与梦想，都不甘平庸，也都会遇到挫折和伤害，但有人破茧化蝶，涅槃重生；有人怨天尤人，碌碌无为。影响班主任成长的关键因素是什么？是时间的积累，是知识的沉淀，还是意志的锤炼？换言之，优秀班主任的成长有规律可循吗？优秀班主任的成功可以复制吗？我们的回答是肯定的。

2002年，第十一届全国班集体建设理论研讨会提出了"班主任专业化"的理念。班主任专业化的提法，可以从"中小学班级工作既是艺术又是科学"这个角度来理解。既然是科学，就有规律可循。我们择取了两种最有代表性的观点：波斯纳认为，"教师的成长 = 经验 + 反思"；朱永新认为，班主任的专业发展是通过专业阅读、专业写作、专业发展的"三专"来实现的。我们对班主任成长做以下解读：

第一，有经验班主任才能成长。教育经历是教育经验的基础，但是，有了一定的教育经历，并不意味着积累了相应的教育经验。教育经验的丰富程度和深刻程度更多地取决于教师能否在教育经历的基础上动脑筋、想办法，不断发现和解决教育教学过程中的问题，不断改进自己的教育教学行为。

第二，班主任单纯依靠经验是不会成长的。苏联教育家阿莫纳什维利说过："有这样的人，他在学校工作了三四十年，并为自己的教龄长而引为自豪。但他每一学年的工作都是上一学年工作的重复。他没有热情、没有灵感地工作着,忠实仔细地完成每天的工作……在他的工作中没有疑问,没有矛盾,他对新经验漠不关心,害怕改革,他自始至终这样地在学校工作着,直到退休为止。他还为自己谋取到了奖章和荣誉称号。然而,这样的行家却早已对学校、对儿童、对日益复杂化的教师工作感到厌了。"

第三,班主任成长的关键在于反思。所谓反思,就是班主任把自己作为研究对象,研究、反省自己的教育实践、教育观念、教育行为及教育效果,以便对自己的教育观念进行及时的调整。反思源于对现实和自我的不满,其目的是要改变现状,超越自我,因此,反思虽然持批判立场,但是其结果却往往是具有建设性的。班主任反思的过程也是专业成长的过程。

第四,班主任可通过两种途径进行反思:一是对自身的经验进行反思,正如朱永新提倡的专业写作——站在自己的肩膀上攀升;二是对他人的经验进行反思,正如朱永新提倡的专业阅读——站在大师的肩膀上前行,专业发展共同体——站在集体的肩膀上飞翔。从这个意义上讲,教育经验的表达和分享甚至比教育经验本身更为重要,因为它能使教育经验不断增值和扩容。

基于此,《班主任之友》杂志将创刊二十五年以来的精华汇集成《大夏书系·班主任专业成长》丛书,旨在用大量优秀班主任的实践经验、研究反思,为广大班主任的成长提供理论支持和榜样引领。

《大夏书系·班主任专业成长》丛书共三册:《班主任专业成长》、《班级管理智慧案例精选》、《中小学班级主题活动40例》。

《班主任专业成长》反映了班主任老师对教育、对自我的深刻反思。书中有对成长途径的探究,如《优秀班主任的成长规律》、《班主任群体中的"民间英雄"》、《成功班主任要做到五个平衡》;有对自我发展的反思,如《走在探寻教育梦想的路上》、《从野路子到渐进正轨》、《为什么我总在老路上走》;有对教育行为的剖析,如《是"爱心"还是"伤心"》、《"差生"是造出来的》、《优秀学生不是教出来的》……

《班级管理智慧案例精选》展示了班主任老师的教育智慧。大到班集体建设、班级文化创造，小到同学关系、师生关系的协调，无不闪现着班主任教育智慧的光芒，展示着班主任教育细节的力量。这些教育智慧，有的具有普遍的意义，有的则是个性化的做法，但无不是在"爱"的前提下，在良好的师生关系的承载下形成的。

《中小学班级主题活动40例》提供了班主任老师的活动实录。一个优秀的班级，一定是经常举办班级活动的班级。通过举办班级活动，让学生不断地发现、体验，从而实现"隐藏教育目的"的教育。同时，在活动中，同学关系、师生关系更加贴近，越来越和谐。优秀的班主任把活动的策划、组织当做一门学问。本书不只是为了提供班级活动案例，更是为了激发班主任开展班级活动的热情。

朱永新说过："一个人的精神发育史就是他的阅读史，一个民族的精神境界，取决于这个民族的阅读水平，一个没有阅读的学校永远不可能有真正的教育。因此，我认为阅读对于教师成长应该是第一位的。没有教师的阅读，就不会有教师的真正意义上的成长与发展。"成长注定不是一条坦途，但是，只要在路上，就一定会有达到目的的那一天。有志于在班主任专业成长之路上走得更远的教师，通过阅读《大夏书系·班主任专业成长》丛书，可以促进自身更好地成长。

许邦官

2010年10月

第一辑

治班理念

# 其实我们可以快乐地教

王　文

教师应该快乐地教，而不能仅仅流于形式地教，更不能痛苦地教。"蜡烛精神"固然值得赞叹，但一个教师的教育业绩的取得，不必以身心损伤为代价。优秀教师应该是能够兼顾教育业绩和身心健康的。

教师应该是一个充满欢乐的职业。一个教师如果感受不到快乐，这说明他为师的境界还需要提升，他的教育智慧还需要充实。笔者根据多年从事学校心理健康教育工作的经验体会，提出下面几点建议，希望能够对教师快乐从教有一些帮助。

## "我选择，我喜欢"

曾经有人就"如何生活更幸福"这一话题展开讨论，而讨论的焦点是我们应该怀着怎样的心态去生活，是"我喜欢，我选择"还是"我选择，我喜欢"。很多人认为我们应该怀着"我喜欢，我选择"的心态去生活，因为这样的生活才会令人快乐。但事实上只有少数的幸运儿能够根据自己的喜好去选择理想的职业和生活，绝大多数人只能被动地接受现实。因此，要想幸福地生活，我们必须拥有"我选择，我喜欢"的心态。

有些教师当初选择从教可能是出于无奈，但既然选择了，就应当去接受它、喜欢它。有人说："它有趣，我自然会喜欢，它没趣，叫我如何喜欢？"这是一大认识误区。其实，有趣或没趣，都是个人的一种主观体验。正如魏书生老师所说："任何一种职业，对某些认识片面的人来说，都可能是苦海；反过来，对任何一种职业，一旦全身心地扑在上面，入了门，都能感到其中乐趣无穷，都会成为理想的乐园。对工作的热爱可以创造奇迹，可以使人以苦为乐，看到严冬后面的阳春，病木旁边的鲜花和芳草，体味到劳作的甘美，享受成功的温馨。"这也印证了时下流行的一句话："心态决定一切。"如果一个人首先就认定教师职业没趣，那么他自然会失败，而失败会加重无趣感，无趣感又会导致更大的失败，从而形成恶性循环。相反，如果一个人首先就认定教育职业有趣，全身心地投入其中，那么他就有可能获得成功，而成功的体验会激发工作热情，工作热情又会带来更大的成功，从而形成良性循环。换句话说，觉得一项工作有趣，你就会把它干得有趣，觉得一项工作没趣，你就会把它干得没趣。

从本职工作中获得乐趣是人的一种很重要的心理能力，它关系到个体的生活质量。美国心理学家马斯洛通过对心理健康的人进行研究，提出了著名的"自我实现者理论"。他认为自我实现者是事业成功和心理健康高度统一的人。马斯洛总结了自我实现者的主要特征，其中很重要的一项特征就是，他们对工作感兴趣，干得津津有味，工作与玩乐之间的界线变得模糊。对他们来说，工作是令人兴奋、充满乐趣的事，工作就是娱乐。

## "把学生看作天使，教师便生活在天堂里"

美国心理学家艾利斯提出了"ABC情绪理论"。他认为，情绪不是由某一诱发性事件本身引起的，而主要是根源于经历这一事件的个体的信念以及他对这一事件的解释和评价。通常，人们认为情绪是直接由诱发事件引起的。但艾利斯告诉我们，诱发性事件只是引起情绪的间接原因，而人们对诱发性事件所持的信念才是引起人的情绪的直接原因。理性的信念会使人们对事物产生适当的情绪反应，而非理性的信念会导致人的不适当的情绪反应。所以，每个人都要对自己的情绪负责。

一个教师怎样看待学生，在很大程度上决定了他的教育情绪。有人说，把学生看作天使，教师便生活在天堂里；把学生看作魔鬼，教师便生活在地狱中。教师如果视与学生打交道为烦恼之源，那一定是他的学生观出了问题。从这个角度来说，他的痛苦是自找的。

教师要对学生心怀感激。从某种程度上说，教师的岗位是学生提供的，学生既是教师的教育对象，又是教师的衣食父母。尤其是那些难教育的学生，甚至还给教师提供了提高教育能力的机会。通过教育不爱学习的学生，教师知道了怎样激发学生的学习兴趣；通过教育不会学习的学生，教师懂得了怎样让学生会学习。对这些学生，教师如果不是心怀感激而是耿耿于怀，于情于理都是讲不通的。

教师还要看到每一个学生的优点和长处，坚信每一个学生都是有潜能的。把学生看得一无是处的教师必定苦不堪言。教师应该善于发现学生的积极面，这不仅是教师应掌握的方法和技巧，而且应成为教师的人格特质。一个人的有益改变，是他的积极面战胜消极面的结果，即"长善救失"。因此，老师一味地盯住学生的消极面，训斥、谴责学生，只会使学生的消极面更顽固，范围更广。关注积极面，稳定积极面，拓展积极面，消极面自然就无处藏身了。

## "你是对的，世界便是对的"

有一则这样的故事：一个星期六的早晨，牧师正在准备他的讲道，儿子在旁边吵闹不休。牧师便把一幅世界地图撕成碎片，要求儿子把这些碎片拼好。他满以为拼地图会占据儿子一上午的时间，不料，刚过十分钟，儿子就来敲他的房门，告诉他地图已经拼好。儿子说："这非常容易。另一面有一个人物头像，我就把这个头像拼好，然后把它翻过来，我想，如果这个头像是对的，那么这幅世界地图也就是对的。"牧师高兴地说："我知道明天该讲什么了——如果一个人是对的，那么他的世界也就是对的。"

当一个教师总是感觉学生跟自己过不去，同事不好相处，领导爱找自己的麻烦，与学生的家长打交道很难时，请记住，那一定是自己出了问题！有一位中年教师，总认为自己怀才不遇，遭遇不公，情绪一直十分低落，教育业绩也平平。他跟校长是上师范学校时的同班同学，他说校长过去学习成绩比他差多了，现在却成了管理他的人。其实我们不难发现这个教师的问题，一个只看到自己的优点、盯着别人的缺点的人注定是一个痛苦的人，他总觉得这个世界欠了他什么。一个看不到自己的不足和别人的长处的人，是一个难以取得进步的人，他必然会招来更大的痛苦。一个真正成熟的人，应该懂得分析自己的缺点，寻找别人的优点，这样，自己既能接受现实，又能取长补短。

社会发展日新月异，如果一个教师不能与时俱进，顺应社会的变化并作自我调整，那么，这个教师必定很难产生愉快的工作情绪。还是魏书生老师说得好，"多改变自己，少埋怨环境"，"埋怨环境不好，常常是我们自己不好；埋怨别人太狭隘，常常是我们自己不豁达；埋怨天气太恶劣，常常是我们的抵抗力太弱；埋怨学生难教育，常常是我们的方法太少"。只有改变自己，才能适应环境；只要改变自己，定能改善环境。教师就应当培养自己这种适应工作环境的能力。

（作者单位　湖北师范学院）

# 班主任育人与医生治病

## ——谈问题学生的教育

范 晋

魏书生老师在他的《班主任工作漫谈》一书中这样写道:"有的错误,有较深的思想根源,病情较重,反复较多,这样就需要采取多种治疗方法互相配合。我觉得比较有效的方法就是写心理病历。"魏书生老师把思想问题比较严重的学生比作病人,那么,给这样的"病人"看病的"医生"自然就是班主任了。

## 一、班主任教育问题学生与医生治病的相似之处

**1. 查明病因,对症下药**

治病的关键在于查明病因,对症下药。

班主任在教育问题学生时首先也要查明"病因",切忌主观臆断,切勿草率处理,因为这样极易误判错判,甚至将没"病"判成有"病"。

例如,有些班主任一看见学生趴在课桌上就认为学生是在睡觉,这就是典型的"想当然"。学生趴在课桌上的原因有很多,也许是因为身体不适,也许是因为坐姿不正,也许是因为刚被老师批评有些难过……就算是在睡觉,原因也有很多。难道就一定是在休息时间玩游戏、看电视导致的?

事实上有很多原因是我们根本想不到的。有一次，我发现有一个学生上课时睡觉，经过了解，我才知道原来前一天晚上两三点钟的时候小偷光顾了他家，把他们一家人都惊醒了，还差点出了人命，到天亮时他们一家人还惊魂未定，更别说睡觉了。我想，这个时候我们不仅不能批评他，而且要安慰他。

班主任还要尊重学生的人格。我们常说要走进学生的心里，但我们是否问过学生愿不愿意老师走进他们的心里？有时，走得太近也是一种伤害。人是需要有隐私的，学生有时也有难言之隐，如果你当众逼他说，势必造成师生矛盾。这时，我们应该换一种方式，对学生的某些情况要有意识地加以保密，这是对学生人格的尊重。

**2. 谨防并正确对待药物过敏**

医生给病人看病时，如果用药不慎，很可能会使病人产生药物过敏反应，后果也许不堪设想。班主任教育学生时，如果用法不当，也可能使学生产生"药物过敏"反应。同样的一句话或一个动作，用在学生甲的身上，可能会治好他的"病"，但用在学生乙的身上，可能会使他的"病情"加重。

教育要远离体罚，但教育不能远离惩罚，没有惩罚的教育是不完整的教育。当前，教育法并未对体罚和惩罚作出明确的界定。在日趋沉重的升学压力下，有些教师将体罚视为合理的惩罚，再加上学生自身的一些因素，使得学生产生强烈的"药物过敏"反应。近几年媒体报道的有关学生和教师自残、自杀的事件，大多与此有关。于是，大家谈"罚"色变，不仅体罚销声匿迹了，大家甚至对起码的批评和惩罚也不敢触及。

我觉得在这方面我们应该向医生学习。医生并没有因为害怕药物过敏而不给病人用药，关键在于懂得如何避免药物过敏。班主任在实施批评与惩罚时，切勿操之过急，要想一想学生犯错的原因，对学生的"病史"、性格、家庭情况、人际关系、交友情况等应充分了解，想一想应该给予怎样的批评和惩罚，批评和惩罚后学生可能会有何反应，会不会产生"药物过敏"，如果处罚不当应采取哪些补救措施等。

有些教师做了一辈子的班主任工作，批评和惩罚过很多犯错的学生，却从未出过事，个中道理值得我们细细揣摩。当我们把羡慕的目光投向他们时，切勿盲目模仿，而应该研究他们内在的观念。

**3. 警惕抗药性，适时换药**

再好的药用多了、用久了，也可能会失效。我们有些班主任在教育学生时，因循守旧，一味简单重复。设想如果当你还未开口时，学生就已经知道你想说的内容，那么，接下来的谈话很可能就是浪费时间。所以，当你发现学生对你的说教毫无反应时，你就应该考虑换"药"了。

要创新就必须打破惯性思维，就必须养成爱动脑筋的习惯。在教育学生之前，我们应该多问问自己：除了这个方法以外，还有没有其他的方法？哪一种方法更好？

叶圣陶先生的"三块糖教育学生"的故事之所以脍炙人口，关键就在于叶老的创新思维，他的赞扬中蕴涵批评，温和中不乏严厉，合乎情又在乎理，可谓举重若轻，润物细无声。俗话说，"良药苦口利于病，忠言逆耳利于行"，但叶老教育学生的故事告诉我们：在苦药的外面加上一层糖衣，则更容易让患者接受。教师的忠言如果能让学生听得顺耳，就能收到更好的效果。

**4. 慢性病不妨慢治**

俗话说："病来似猛虎，病去如抽丝。"这里指的只是一般的疾病，如果是慢性病的话，则比较难根治。

有些学生身上的"疾病"会反复出现，如果教师想在短期内根治学生的"病"，只能说明教师的想法比较理想化。医治这样的"慢性病"靠的是耐心和毅力，班主任必须做好长期教育的思想准备，必须具备打持久战的能力，慢性病不妨慢治。

对于有些学生的"慢性病"，老师努力医治了几年也没能彻底治好。但即便如此，我们也不能放弃对他们的"治疗"，因为我们至少可以控制住他们的"病情"，不让"病情"进一步恶化，从这一点来说，我们的教育并不是无效劳动。对这样的学生我们不能期望过高，不然的话，既不利于教师树立教育的信心，也不利于学生树立改过的信心。

### 5. 最好的医生是自己

有句话说得好，"最好的医生是自己"。在医治一些病情比较严重的病人时，有经验的医生会帮助病人树立起战胜疾病的信心和勇气，使病人能够顽强地与疾病作斗争。这样，病人战胜疾病的能力就会得到提高，求生的意志也会随之增强，而一旦治疗有进展，这种信心和意志就会加倍增强，形成一种良性循环，从而使病人战胜疾病。

班主任在教育问题比较严重的学生时也应该如此，要唤起他们内心对真善美的追求，帮助他们树立起改正错误、克服缺点的信心和勇气，增强他们抵御和战胜"病魔"的能力。魏书生老师认为，每个问题学生心中都有两个"自我"，一个向善，一个向恶。班主任要让学生心中"向善"的"自我"打败"向恶"的"自我"，也就是促进学生的自我教育。

### 6. 预防为主，治疗为辅；防止传染，重视隔离

许多慢性疾病往往是在不知不觉中患上的，一旦发病就很难治愈。因此，预防非常重要。其实，这些疾病完全可以通过身体的日常保养来避免，所以，医学界向来推崇"预防第一，治疗第二"。

同样的道理，班主任要随时关注学生的一点一滴、一举一动，要经常与学生沟通，把影响学生、班级健康发展的消极因素消灭在萌芽状态，做到防患于未然，这是最高效和最省力的办法。

经历过"非典"的人都深刻体验过"防止传染，重视隔离"的重要性。班主任对问题特别严重且负面影响较大的学生也应当如此，一方面要加强教育，另一方面要重视对其进行隔离，防止其不良思想和行为传染给其他人，避免出现难以控制的局面。

## 二、班主任教育问题学生与医生治病的不同之处

真正的医生绝不会否认绝症的存在，也绝不会承诺能够治好所有的病。

从来没听过哪所医院喊出类似"没有治不好的病人,只有不会治病的医生"的口号,自称"包治百病"的常常是江湖郎中。

孔子认为,"朽木不可雕也,粪土之墙不可圬也",可是在时隔两千多年的今天,我们的某些教育专家和学校却信誓旦旦地喊出了"没有教不好的学生,只有不会教的老师"的口号。于是,学生在双休日进游戏厅、网吧,不做家庭作业,逃学,离家出走等"疾病",也就理所当然地要由教师去"治疗"。因此,教师背上了越来越沉重的身体负担和心理负担,因为人人都想"包治百病",都想做一个"会教的老师",不想背上"误人子弟"的骂名。

我觉得在当今社会,没有学校教育是万万不能的,但学校教育并不是万能的。教育需要激情,但更需要理性。教师应该正确地认识现实,保持平和的心态,用理性的火种小心地点燃激情的火炬,这样教育才是光明的,而盲目的激情不可能换来光明。

班主任和医生虽属两种不同的职业,但世界万物皆有相通之理和可供借鉴之道,其中的相似和不同之处,值得我们深思和研究。

(作者单位 江苏无锡张泾中学)

# 莫学诸葛亮

张建萍

谈起诸葛亮，人们首先想到的就是他的神机妙算，然后便是他的鞠躬尽瘁、死而后已的精神，或许有人还会想到他忠于蜀汉、一心北伐的事迹。

然而，从现代管理思想的角度来看，诸葛亮的某些做法也有不妥之处。班主任不妨从反面来思考借鉴，或许从中能得到一些有益的启示。

## 一、不学他的神机妙算

诸葛亮上知天文，下知地理，通晓万物。"草船借箭"、"火烧赤壁"可谓是他神机妙算的极致。班主任作为一个班级的"灵魂"，对学生的情况应了如指掌，如，学生的成绩怎样，爱好什么，性格怎样……对这些情况的了解无疑是做好班主任工作的前提。然而，一些弊端也由此产生了，由于对学生的情况知根知底，班主任往往会给每个学生下定论，如，谁一贯认真，谁爱偷懒，谁上课喜欢讲闲语，谁是一个"闷葫芦"……这些"定论"很可能在有意无意间影响教师对学生的态度或工作方法，从而影响教育效果。每个学生都是发展中的人，他们的知识、能力、经验、心理品质等均不完善、不成熟。因此，教师不能简单地以自己的认识、想法、观念来看待学生，而要全方面地看待学生，要看到学生的多种发展可能性。

1. **莫以过去看现在**

班主任总是很"怀旧",对过去表现好的学生已经形成了良好的印象,于是对他现在所犯的错误往往视而不见,可能要等到他出大错时才会重新认识这位学生。至于过去表现不好的学生,尽管他现在有进步,但他的进步多半不会入班主任的眼。过去表现不佳的学生,要想重新得到班主任的肯定,往往要付出比别人更多的努力。

2. **莫以现在看将来**

现在的孩子苦不苦?苦!是不是每个学生都吃得了苦?不是。现在的教育模式是不是适合每个学生?不是。既然如此,又怎能对孩子妄下定论呢?这么简单的道理班主任却是"当局者迷"。"你再不努力学习,就考不上好学校,将来就没有出息"之类的话会让孩子恐惧,因为孩子的心理承受力和意志力都还很弱,他们最希望得到的是理解和支持。因此,每一句激励的话语都会给孩子带来阳光;相反,每一句粗暴的呵斥都足以将他们脆弱的心灵击得粉碎。轻易地否定孩子,对他们的能力表示怀疑,这对孩子来说是一项最为严厉的判决,会无情地把他们的梦想击碎。

## 二、不学他的事必躬亲

以前读三国时,我常想,如果诸葛亮能多活几年,那么蜀国一定能一统天下了,可惜他的下属无能,什么事都要诸葛亮亲自过问。其实现在想想,诸葛亮若懂得"放权",充分利用部下的才干,放手让他们去做,自己又怎会"出师未捷身先死"呢?

班主任这个天下最小的主任,事儿却一点儿也不少,常常是"才了蚕桑又插田",如果辛辛苦苦忙了一学期,只有苦劳而没有功劳,这就意味着大量的劳动是低效的。班主任怎样才能从繁琐的事务中解放出来?

1. **培养具有管理能力的人**

小学阶段是培养学生的管理能力的最好时期,教师可以让学生轮流做班干部，让学生尝试自己管理班级事务。

其实，很多时候我们真的可以做一个"懒"教师，把学生推到前台来，而我们自己则隐到台后去，给学生提供学习和锻炼的机会，而非一手包办。其实，"懒"教师并不好当，"懒"只是一种外在的表象。我们不妨当一回善于动脑筋的"懒"教师，为自己松绑的同时也为学生松绑。

### 2. 培养善于自我管理的人

事必躬亲，从表面上看班主任工作抓得很紧，投入很多，但事实上真正的教育却被荒废了。

孙云晓说过，"孩子都是沉睡的巨人"。儿童教育的使命可以概括成八个字，就是"发现儿童，解放儿童"。

如果不给学生自我反省的机会，那么，学生就不会意识到"这是我的责任，我应该承担"。长大后，学生一旦缺乏监督，情况就有可能会越来越糟糕。魏书生老师发明的"情况说明书"，成了一些班主任制约学生的法宝，这实在是悲哀。

一个人若缺乏自我管理能力，往往就会无知无畏，这是更大的悲哀。高震东老师将"天下兴亡，匹夫有责"改成"天下兴亡，我有责"。我想这就是很好的自我教育、自我管理方式。

## 三、不学他的目标单一

诸葛亮忠于蜀汉，一心北伐，倾全国之力六出祁山伐魏，耗尽了蜀国国力，因此，有人说，正是他的北伐导致了国力下降，最终致使蜀国灭亡。

很多中小学生的父母经常对孩子说："只要你把学习搞好了，别的什么都不用你管。"这句话非常值得我们警惕和深思。唯成绩论、唯智力论长期存在且得不到有效矫正，甚至不少教师也被这些观点左右，中毒颇深。

哈佛大学的教育心理学家霍华德·加德纳教授提出的多元智能理论告诉我们，每个人身上至少有 8 种智能，有些人善于写作，有些人擅长演奏动人心弦的乐曲，有些人对数字特别敏感，有些人能够创作出视觉艺术作品，有些人能够轻松、优雅地完成体育动作，有些人具有领导才能……这些不同类型的人才，都能成为对社会有用的人。我们不能说他们谁才是最聪明的，因为他们各有各的长处，各有各的优点，或许单独在某一领域，他们都是最优秀的。

教育不可以急功近利，不可以包办代替，因为它面对的是活生生的学生，是处于不断发展变化中的学生，是我们未来社会的建设者。

（作者单位　浙江嘉兴新塍镇中心小学）

# 将"懒惰"进行到底

张学勇

我很"懒",学生也说我"懒",但我却决定将"懒惰"进行到底。

## 一

新学期伊始,学校发放了新作业本,几个学生一直追到我办公室。

"老师,给我们写上名字吧?"

"自己写!"我大手一挥,断然拒绝。

"我们写不好!"

"写不好更得自己写!难道毕业后还要老师帮你们写名字吗?"我故作愤怒状,拍案大叫。

几个学生吐了吐舌头,灰溜溜地回教室了。临走之前还不忘嘀咕一句:"张老师真懒!帮我们写个名字都不肯!"我微微一笑,不置可否。

第一节课,我笑眯眯地走进教室。

"同学们,今天咱们上一节'写名课',看谁的名字写得最好,优胜者将获得一个小惊喜。"

学生们群情激昂,摩拳擦掌,都纷纷拿出看家本领,认认真真地写起来。写好后又经过一番唇枪舌剑,终于评出了优胜者。

"老师，我的小惊喜呢?"获胜的学生悄悄地问我。

"哦！我差点忘了！请你帮我在我的教案上写上名字吧！"

全班同学哄堂大笑。

## 二

阅读课上，教室里鸦雀无声。

"老师，这个字怎么读?"

"不认识！"我头也不抬地回答。

"你不看怎么知道不认识！"这个学生不满地说。

"我懒得看，不认识的话自己查字典去！"

学生悻悻归位，一边嘟哝一边翻字典，然后自己标上了读音。

"来！请你把这个字写到黑板上，然后领着大家读一读！"

这个学生开始板书、领读，于是全班同学都认识了这个字。

几个机灵鬼大声地说："看！张老师多懒！"

## 三

语文课上，我要求学生先自己分析课文，然后归纳段意和中心思想。

"老师，你这样做不行！"一个学生提出了抗议。

"为什么不行?"

"你为什么不把段意和中心思想抄在黑板上?"

"抄在黑板上干什么?"

"让我们抄下来使劲背啊！我们原来的语文老师就是这样做的。"他有理有据地说。

闻此言我不由得一惊，转过头认真地对全班学生说："如果一只小鸟光靠妈妈捉虫子给它吃，喂一条吃一条，而不知道自己找虫子，那么它永远都不能独立生活。学习也是这样，如果只等着老师给你们答案，你们也是永远学不好的。聪明的学生要学会思考，要有自己的理解和感受，要有自己的观点。"

学生们若有所悟，纷纷点头称是。我又趁机补上一句："况且，我很懒。这个，地球人都知道！"

学生们都笑得前俯后仰，笑声充满了整个教室……

## 四

尝到了"懒"的甜头后，我变得越来越"懒"，而且越来越懂得"懒"的艺术。

对于学生背诵课文，我不用操心，任何一个学生若落下一个字就得从头再来……

对于家庭作业，我不用操心，任何一个学生少写一个字也休想蒙混过关……

对于作文和周记，我不用操心，其中的错别字在交给我之前已被全部揪出……

看着越来越勤快的学生们，我在心里偷偷地乐。我暗暗下定决心，要将"懒惰"进行到底。因为我坚信，"懒人"有"懒福"！

（作者单位　山东泗水东郊小学）

# 第二辑

# 班级文化

# 芝兰之室德更馨

李秩生

新学年,我被学校委以重任,做了全校有名的后进班的班主任。

开学后,我逐渐了解到,这个班的主要问题在于有相当一部分同学不思进取,得过且过,缺乏上进心,缺乏团结协作的精神,缺乏青少年应有的蓬勃朝气,从而使得整个班级缺乏凝聚力。

如何找准解决问题的突破口呢?我一直苦苦思索着。

一天,我走进学生寝室,突然发现墙上有很多贴画,真是令人眼花缭乱。我把这些贴画归纳了一下,大致有以下几个系列:

球星系列:迈克尔·乔丹、奥尼尔、贝克·汉姆、马拉多纳是这类贴画的中心人物。乔丹一飞冲天、猿臂轻舒的灌篮动作和贝克·汉姆力敌千钧的临门一射,凝固在我的视线里。

明星系列:男生大多选的是李玟、张柏芝、金喜善等人物贴画,女生大多选的是安在旭、陆毅、谢霆锋、王力宏等人物贴画。

美女系列:这类贴画上的美女们,或清纯,或冷艳,或娇媚,展示着各自的风采。

……

看到这些,我突然心中一亮,答案找到了!班级所有问题的症结就在于全班同学没有上乘的文化品位,没有高尚的审美情操,没有健康的道德素质。解决问题的突破口就在这里！

首先，我请来正在我校指挥军训的武警战士到班上作内务整理示范，他们把被子折叠得有棱有角，把物品摆放得整整齐齐。然后，我组织全班同学制定出"寝室规范化条例"，以保证内务整理的规范化。

接下来，我在班上开展给寝室命名的活动。我说："我们班有6个寝室，男生寝室分别是1304、1305、1306、1307，女生寝室分别是4403、4404，这些数字不但读起来拗口，而且缺乏人情味。古代的文人雅士都喜欢给自己的住宅、书斋起一个雅号，以寄托自己的理想、志趣和情操，如张溥的'七录斋'寓含了他刻苦治学的精神。我们不妨也给自己的寝室起一个雅号，希望大家集思广益，命名的关键是要有意义、有品位。"顿时，教室里变得热闹起来了，大家你一言，我一语，一个个寝室名诞生了。

1304宿舍的同学说："我们寝室叫'远志室'。"我说："好！有什么典故？""《史记·陈涉世家》上说'燕雀安知鸿鹄之志哉'，我们从小就要立下远大的志向！"大家报以热烈的掌声。我说："能否给你们寝室拟一副对联？"一个同学说："弃燕雀之小志，慕鸿鹄而高翔。"教室里又响起一阵热烈的掌声。

1305宿舍的同学说："我们寝室叫'慎取楼'。"我说："此楼何意？""王安石说，学者应该'深思而慎取'。不管是做人还是做事，我们都应该小心谨慎，去芜存精，只有这样，我们才能有发展、有创新。""很好，也能拟一副对联吗？""知足知不足，有为有勿为。""好！"又是一阵热烈的掌声。

4403宿舍的女生发话了："老师，我们寝室叫'怡红院'，您觉得怎么样？"我说："'怡红'二字美则美矣，但怡红院好像是须眉贾宝玉所居之所，似乎不妥。"同学们报以善意的笑声。"那叫'潇湘馆'，怎么样？""'潇湘馆'虽是林黛玉的住所，名字起得也很有情调，但林黛玉的性格我不太喜欢，我们现代女性不应是这样的。"另一女生高声叫了起来："有了，就叫'德馨居'，怎么样？"我说："好！能否拟一副对联？""老师，对联我想不出，不过我觉得用刘禹锡的《陋室铭》中的'斯是陋室，惟吾德馨'

权作阐述再恰当不过了。"同学们报以热烈的掌声。

4404宿舍的女生给自己的寝室取名为"芝兰居",并拟了一副对联,即"入芝兰之室,远鲍鱼之肆"。我调侃她们道:"两个女生寝室里真是清香满溢啊。"同学们又报以一阵欢快的笑声。

1306室叫"无涯斋",对联是"书山有路勤为径,学海无涯苦作舟"。

1307室叫"九畹居",典出屈原的《离骚》中的"余既滋兰之九畹兮,又树蕙之百亩",对联为《九歌》中的名句"合百草兮实庭,建芳馨兮庑门"。

然后,我发挥自己的书法特长,饱蘸浓墨,或楷,或隶,或行,或草,为每个寝室书写了一副对联,横批为室名,又请人裱好,将对联挂在寝室内,顿时满堂生辉!

后来,同学们说:"老师,把美女明星之类的贴画挂在室内实在不雅,与室内格调不合。"我说:"哟,品位还蛮高的嘛。既然如此,你们自己看着办吧。"第二天,我到寝室一看,以前的那些贴画一夜之间都无影无踪了。

慢慢地,我班也逐渐跃入了先进班的行列。

(作者单位 湖南衡阳县第一中学)

# 黑板宣言

甘　露

临近期中考试了，在批改学生的周记的时候，我发现大部分学生的压力都很大。毕竟这是高二文理分科后的第一炮嘛！有一个学生甚至用红笔写道："我真想把心里郁积的东西从胸口抠出来，'叭'的一声甩到墙上！"

我一怔，这是多么强烈的反应啊！同时，一道灵光也在脑中闪现，对，教室后面不是有一块黑板吗？甩！甩包袱！

我当即就宣布各科代表以后不要在这块黑板上抄题了。学生们一愣："出板报吗？都快考试了，老师！"

"不！现在我允许同学们把自己想说的话写在黑板上，内容不受限制。"

"啊！多不好意思，有些话不好讲出来，老师！"

"没关系！"我鼓励他们，"大家就利用这次机会展示一下自我吧。"

下面有人开始小声地议论，也有人在偷偷地笑。

当天晚自习时，我就发现同学们把黑板写得满满的，还有学生在为找不到地方写而着急呢！我仔细一看，有名言警句，也有学生的心得体会，可喜的是学生们并没有发牢骚，反而写得颇有意味。学生们的宣言可大致分为以下几类。

**互相激励，奋进一族：**

A：付出没有收获，是生命最初的误会，却不是最终的误会！加油等于加分，相信我！

B：没有岩石的阻挡，哪会有美丽的浪花？

（多好！有自信，有魄力！）

**提供参考，稳重一派：**

A：循序而渐进，熟读而精思——我觉得朱熹说得对。

B：知道自己知道什么，也知道自己不知道什么，这就是真正的知识。（梭罗）——拾遗补缺，是你我要做的！

（真棒！多清醒的头脑！）

**挑战对手，狂野一派：**

A：××警惕，我离你只有5分之遥！

B：呵呵，革命尚未成功，你我都需努力。

（看看，从容应对又不乏同志深情啊！）

**释放压力，调侃一派：**

A：我这下会掉到哪旮旯去呢？

B：嗨，我这儿呗！人生何处不相逢？

C：仰天大笑出门去，怎能尽是高分人！

D：岂能尽如人意，但求无愧于心！尽力而为。

（同龄人之间的对话，少了一份训诫，多了一份温存。）

"同学们，你们觉得自己写得好不好？"

"好！"响当当的回答，一扫从前的低落。

"写宣言有哪些作用？"

"锻炼了我们的语言表达能力！"

"缓解了心理压力，知道了大家都有雄心，但又都有困惑！"

"能时刻提醒自己。目标都公开了，达不到多不好意思！"

"能够鼓舞斗志。"

学生们争先恐后地发言。这次"黑板宣言"给大家提供了一个沟通和发泄的渠道。在接下来的期中考试中，全班同学发挥都比较稳定，有个别学生的成绩还居年级前列！

此后，"黑板宣言"成为了我们班的一项固定的活动。

（作者单位　江西樟树中学）

# 打造"水"样文化
## ——浅谈中学教室布置

戚成林

泰戈尔说:"不是槌的打击,乃是水的载歌载舞,使鹅卵石臻于完美。"人格塑造是一个漫长、渐进的过程。教室是值得班主任关注和雕琢的一块阵地,教室布置非常重要。我们可以从"水文化"中得到启示,用心布置好教室。

**1. 教室环境布置要淡化"功利"**

有一个教室是这样布置的:前黑板左上角是醒目的"距离××考试还有××天"的提示;黑板上方是标语"读书改变命运";教室后方是黑板报"学习园地",其中有"数学擂台""学习方法大观园"等栏目;黑板报两边的宣传栏里张贴着每个学生的考试目标;在教室右侧的墙面上,班主任还别出心裁地设置了"状元榜",张贴着在历次考试中获得第一名的学生的照片……我悄悄地问过一些学生,走进教室后的感受是什么,结果得到的最普遍的答案是紧张、压抑和忧虑。

这样的教室布置肯定是出自一个责任心强、善于动脑筋的班主任之手。但这样的教室布置的缺陷也是明显的:过于强烈的暗示,造成了学生心理紧张。适度的紧张对学生是有积极作用的,但紧张过度,则会使学生产生焦虑情绪,抑制学生的思维,甚至诱发其逆反心理。所以,进行班级环境布置时,班主任要把握好尺度,切不可过分"功利"。

**2. 教室环境布置要定期更新**

很多教室的布置堪称精美，但这种布置的维持时间很长——一个月、半个学期，甚至更长的时间。开学初，许多老师布置教室的积极性比较高，学校督查的力度也较大。但一段时间过后，班主任则不再关注教室布置，在他们眼里，布置教室只是为了应付检查。

我和学生达成了这样的共识：让我们的教室成为潺潺流淌的小溪，不断地带给我们惊喜。我们首先约定好黑板报每两周更换一次，宣传栏每月做一次改版。接下来，我们依据校历以及学期教育关键词（本学期，我班建设的关键词是"尊重"），拟订了这一学期的黑板报内容，并分别指定承办小组。同时，我们还成立了黑板报、宣传栏质量考评小组（由宣传委员和各合作小组组长组成），对每期的黑板报和宣传栏的质量进行评定。我们还在黑板报中设置了"表扬栏"和"曝光台"，在宣传栏中设置了"辉煌一刻"专栏，起到了很好的激励作用。

**3. 教室环境布置要贴近学生**

很多教室的布置取材于名人名言、名人典故。给学生树立榜样本无可非议，但是过分渲染就会给学生造成压力。我们班的教室布置贴近学生：悬挂的条幅上写的是学生创作的"凡人智语"，"才艺大看台"推出的是学生的文学、书法、绘画作品，每一条"班级宣言"都是学生想出来的……在这一方天地里，学生是真正的主人。

**4. 教室环境布置要满足学生的心理需求**

中学阶段，孩子们的生理、心理都会发生比较大的变化，还会有一些烦恼和困惑。教室布置要满足学生的心理需求。这学期，我们班的宣传栏已经展示了"爸爸妈妈，我为什么不听话""老师，我想对你说""网络，想说爱你不容易""其实，这并没有什么"等专题。每个专题展示完之后，我还会组织学生进行讨论或辩论。

教室，是学生活动的主要场所。教室的布置是一门潜在的课程，它具有无形的教育力量。我们应通过教室布置努力营造一个和谐、自由、灵动的氛围。

（作者单位　江苏翔宇教育集团宝应实验初中）

# 有关自行车的教育

周升亮

一进校门,最引人注目的就是那一排整齐的自行车:后轮在一条直线上,前轮一律左转45度。那是一支由我们初一(4)班的40辆自行车组成的队伍。

经常有人问我:"你们班的自行车怎么排得这么齐?"

有兴趣就来听一听我们班关于自行车的故事吧!

## 向我看齐:规范与习惯

在初一新生报到的那一天,我就发现班里骑自行车的学生特别多。全班(45人)有40人骑自行车。看那些自行车,真是斗折蛇行,而且摆放在校门口这一显眼处。

怎么办?第二天清晨,我早早地骑摩托车来到学校。把摩托车放到宿舍后,我从住校的同事那里借来了一辆自行车,然后把它端正地摆放好,看到我们班骑车的同学时,我就说:"这辆自行车是我的,请按照这个样子摆放好,向我看齐!"那天这句话我说了四十遍。

第三天,我在学生到校前就把自行车停放在那儿,然后离开了。

很快,我们初一(4)班的自行车队伍就成了校园里的一道风景线。

一段时间后,我把自行车还给了同事,并向学生们提出了要求:车后轮后边缘与地砖交界线垂直，车身正南正北，车头左转朝向西北……谁来得早就把车子摆放在原来我停放自行车的位置，后来者一律向它看齐！

看着这支自行车队伍，我欣慰地笑了。

## 自行车运动会：安全与荣誉

一天放学后，家住贺家沟的学生小婕找到我，说她的自行车钥匙不见了，找了一下午都没找到。现在发动学生找肯定来不及了，于是我推出摩托车送她回家。三四里大路后是十几里山路，路上的机动车、农用车真不少，一路上还不时遇到穿新校服的初一学生。前面的学生大概是归心似箭，骑得飞快；后面的学生陆陆续续地跟上，并排者有之，追逐者有之；还有一些学生在修车铺排队打气……

第二天，我联合其他班级的老师，以邻近村庄为单位，组建了"安全路队"，队长暂时由各班班委会成员兼任。我们又把各班的走读生集合起来，成立了"安全服务岗"，先对学生进行简单的修车技术培训，然后给各班配备基本的修车工具和打气筒。这样一来，学生们就可以定期轮流检查各班的自行车，并提供简单的维修服务。

为了严把安全关，我又组织召开了家长会和自行车运动会，两个会同时在学校操场上举行。自行车运动会最重要的一个项目就是速度赛，跑道被分成了加速区和刹车区，刹车区又分为安全区、扣分区（轻伤区）和零分区（重伤区、淘汰区）。家长就站在零分区的外侧，以便当学生刹不住车时对其进行保护。

比赛开始了，小家伙们一个个摩拳擦掌，都想在家长面前一展身手。但结果正如我所料，大约有四分之一的学生因刹车不及时冲进了扣分区，有五辆自行车的刹车失灵（有的自行车根本就没有车闸），有六个学生因自行车在加速时出现故障而退出比赛。

在随后的座谈会上，我根据比赛成绩给学生发了"自行车驾驶证"。"自行车驾驶证"分 A、AA、AAA 三级，只有获得 AAA 级"自行车驾驶证"的学生才能参与"安全路队"队长的竞聘，并可以在别人的车子坏了后捎带其回家。学生们都很激动，家长们或自豪，或自责。

从那以后，恶劣天气里接送孩子的家长多了，车队紧凑了，自行车也新了，申请"驾照"晋级的学生多了，"安全服务岗"清闲了。

## 自行车课堂：学习与探索

学生们的学习越来越紧张了，他们每天放下自行车之后，便急匆匆地跑进教室。自行车队伍依旧那么齐，但我觉得似乎缺了一点什么。

"我的自行车历史悠久，是爷爷骑过的，爸爸常以它为荣，说它是村里的第六辆自行车；我的自行车浑身是锈，放在哪儿都不用担心会丢；我的自行车到处都响，走在路上不用按铃铛……我爱我的破自行车。"一位学生的周记中的这段话引起了我的注意。我寻思着，何不以自行车为素材组织一系列学习活动呢？

立即行动！于是我赶紧联系语文老师举办"我的自行车"主题征文活动。学生们或记其辉煌历史，或写其"落户"过程，或述学驾过程，或叙快乐一事……篇篇充满喜爱之情，洋溢自豪之感。我还联合各科老师对自行车进行探究，于是，我们得出了这样的结论："直撑的自行车支点呈等腰三角形，斜撑的则呈钝角三角形，若斜撑只打一半，则呈直角三角形……斜撑的自行车更稳固。"从此，大风再也不能轻易撼动我们的自行车队伍了。我们还组织学生以"自行车"为主题进行百字英文写作和课前英语演讲。学生们不仅锻炼了写作能力和表达能力，还用到了许多课本上没有的单词和用语。我们还组织学生对自行车的历史、自行车与环保、自行车与体育等进行了探究。原来自行车也可以成为教学素材，原来班级课程还可以这么开！

## 谁放了车轮的气：宽容与悔悟

又是放学时间，我站在学校门口，看着学生们骑着自行车出发。

突然，班里的小靖红着眼睛跑来找我，说自行车上的气门芯不知叫谁给拔了。小靖的自行车很特别，"安全服务岗"恰好没有这种配件。

怎么办？我正准备去宿舍推摩托车先送她回家，发现今天因午休时违纪被批评的小港老实地站在一边。他脸色通红，手有意无意地摸着衣服口袋。我一下明白了，停下脚步，对着群情激愤的学生说："对了，下午门卫老师说有几个小孩子在这里玩过，后来被老师劝出了校园，会不会是他们拧去了？但他们走的时候是空着手的，大家帮着找一找，或许能找到。"

学生们马上行动起来了，我用余光观察小港，他很快就"找"到了。"找到了！"小港喊道。学生们围上去，有学生帮着安上气门芯，小港则抢着打气。我站在旁边观看，只说了一句："没事，他们还小，等成了初中生，就不会做这样的事情了。"

第二天，我的办公桌上果然压着一张纸条："老师，我错了。我本来想报复小箐，因为是她记我'违纪'而让我挨了批评，谁知她的车子和小靖的是一样的……以后我绝对不会再犯这种错误了，我保证！"我能够认出这是小港的笔迹，但我没有再提起这件事，就像什么也没发生过一样。

## 融化的雪：智慧与感动

因为接连几天都在下雪，学生的到校时间普遍拖后。去开晨会要路过校门口，于是我顺便看看班里的自行车。

小轩正急匆匆地往教室赶，回头看见了我，于是又返回去把车子整理了一下才走，但他的自行车还是有一点"不合队"。我又帮着整理了一会儿才弄好，因为积雪较厚，车子的斜撑螺丝也松了。小轩的家离学校很远，加上父母身体不好，他早晨要自己做饭吃，还要照顾父母。这些情况都是我从他的小学同学那里打听到的。小轩在班里一直沉默寡言。

晨会上，我撒了一个谎："同学们，知道小轩为什么来晚了吗？因为他的自行车坏了。虽然地上有雪，但是他还是把自行车放得很标准……"同学们的掌声震落了他棉帽上的残雪。

第二天，我发现班里的自行车队伍又恢复了昔日的风貌，摆放得整整齐齐，我发现有一辆车子下面的积雪似乎融化了，走近一看是小轩的自行车，地上还有隐约可见的鞋印。小轩一定是用脚把雪弄干净后才摆的车，而其他的自行车明显是向他的自行车看齐的！

冬天来了，春天还会远吗？积雪融化，是为了迎接灿烂的春天！

（作者单位　山东日照后村镇初级中学）

第三辑

班干部队伍建设

# 班主任如何开好班干部会

武正斌

班干部是班级学生的核心,是班主任的得力助手。利用班干部管理班级不仅可以培养班干部的组织管理能力,而且便于班主任开展工作。而搞好班干部队伍建设的主要方法之一就是开好班干部会。那么,怎样才能开好班干部会呢?班主任应该根据会议内容而采取相应的方法。

## 一、加强修养类

在这类班干部会上,班主任可以适当地引导学生干部学习一些理论和先进人物的事迹,以提高学生干部的思想认识和修养。班主任还可以明确地提出一些要求,比如,要求他们作风正派,为人诚实,学习努力,生活朴素,工作主动,积极地为同学服务,要表扬成绩,指出缺点,表扬时可以点名,批评时最好不要点名。如果一定要向某位班干部指出问题的话,可让其在会后留下做个别谈话,这样不但不会打击这位班干部的积极性,而且有利于提高其他班干部的认识。要经常指出同学们选他们当班干部是出于对他们的信任,从而激发他们的荣誉感和责任心,使他们处处从严要求自己。

## 二、安排活动类

在全班性的活动（如郊游、野炊、运动会等）开展之前，班主任一定要对学生干部作一些安排，切忌全由班主任包办代替，应采取"一带二帮三独立"的原则，慢慢地放手让学生干部独立去开展工作。在活动开展之前，要召开一次班干部会，指出活动的目的和要求，然后让学生干部去作相应的安排，要求任务明确，既要有统筹安排，又要责任到人。班主任也不能撒手不管，而应在暗中把关，在适当时候提示被遗漏的事项。

## 三、协调关系类

学生干部应该团结一致，互相支持和帮助，只有这样才能有效地开展工作。其中，班长和团支书之间的团结最为关键。当学生干部之间因误会、妒忌、争功劳、推责任等而发生矛盾冲突时，班主任要剔除偏见和感情因素，深入了解，在与有关班干部交换意见、分析原因之后，将有关班干部召来开会。在会上班主任不必急于判明是非责任，而应循循善诱，推心置腹，启发双方自觉反省自身的不足，从而使矛盾得到合理解决，恢复班干部之间的团结。

## 四、处理事件类

当班上有同学的家庭遭受不幸，有同学突然生重病，或班上发生其他重大事情时，班主任应及时召开班干部会，讨论表示集体关心的方法和分工。集体关心可以是募捐集资，也可以是探病问伤，可以是班委会集体出动，也可以由主要班干部全权代表。当班上有同学严重违纪或屡犯校纪时，班主任应及时召开班干部会研究对策，可由主要班干部出面与之谈话，其他班干部主动接近并给予帮助。

  班主任不要以为只要召开班干部会就万事大吉了。班主任还必须做班干部的坚强后盾，支持他们开展工作，督促会议决议的执行，只有这样才能真正达到召开干部会的目的。

  一旦班级工作出现偏差，班主任要多从自身找原因，决不能一味批评指责班干部，而应该引导他们找出原因，协商对策，帮助他们重树信心，提高工作能力。在"言传"的同时，我们更要注重"身教"，工作中要有民主作风，要理解他们，尊重他们，善于接受他们的意见，激励他们开动脑筋，只有这样才能把班级工作做得更好。

（作者单位　湖北秭归县职教中心）

# 学生不愿意当"官"怎么办

刘海龙

老革命遇到了新问题。开学初,我接了一个新班——七年级(1)班。凭着多年带班的经验,在报到的第一天,我打算成立临时班委会,和班干部一起带领全班学生做好开学工作。在我满怀信心地站在讲台上讲明我的想法后,让我失望的是学生并没有给我"面子",没有一个学生主动站出来说自己愿意担任班干部,但工作还得有人干,于是我只好临时指定了几个人担任班干部,要他们做好第一周的工作。

失望之余,带着些许不甘心,我努力寻找解决问题的办法,因为我相信办法总比困难多。

## 一、全面了解,找准症结

带着问题,我走访了这个年级在六年级时的三个班主任,他们看着我班的学生名单,微微一笑,道出了其中的缘由。原来,我班的43名学生来自三个不同的班级,但巧合的是分到我班的学生都没有当过班干部,他们在这方面的能力相对来说较为欠缺。

以前不愿意或不敢当班干部不等于现在不愿意或不敢当班干部,于是我又开始在学生中展开调查。我把几个我觉得能力还可以的学生叫到办公室，然后就当班干部的问题与他们聊了一会儿。"担任班干部会影响学习。""当班干部会得罪人。""我胆子小，不敢当。""我能力有限，不会当班干部。"……从与学生的谈话中，我了解到学生不是不愿意当"官"，而是他们心中都有自己的"小九九"。

## 二、对症下药，实行"四字方针"

1. "诱"。让学生认识到担任班干部的好处，这是让学生主动要求担任班干部的重要一步。在班会课上，我花了二十多分钟向学生讲述自己上学时担任班干部的经历，表明当班干部锻炼了自己，让自己多方面的能力得到了提高，这些经历对我现在的工作很有帮助。我还讲述了自己这些年所教的学生是如何担任班干部的，以及他们在担任班干部的过程中是如何逐渐成长为优秀学生的。接着，我还从现代社会对人才的要求入手，让学生明白如果一味地死读书、读死书，步入社会后他们很可能无法从容展现自己的才能，社会需要的是有责任心和组织能力的人才，而责任心和组织能力的培养都离不开上学时的锻炼。在大量的事实面前，许多学生都意识到了担任班干部的好处，也有了担任班干部的意向。

2. "激"。古人说："请将不如激将。"通过几天的观察，我发现有两个学生能力较强，而且很有上进心，在同学中的威信也不错，但他们担心当班干部会影响学习、得罪人。在我向他们表达了我想让他们主动参与班干部竞选的意思之后，两个学生都以各种理由推脱。"其实，我只是在试探你们，看看，连当班干部的勇气都没有，我敢肯定你们绝对当不好班干部！""老师，你怎么能这样看不起人呀！"学生不服气地回答道。"不服气是吧？那就当当看嘛！""当就当，又不是不敢当！"我发现学生进了我的圈套，于是我又说："那好呀，你们就给我干出个样儿来！"这两个学生在没有搞懂我的心思的情况下，就这样走上了"仕途"。同时，我还让他们明白担任班干部并不一定会得罪人，只要本着一颗公平的心，时时处处为班级的利益着想，按照原则办事，不但不会得罪人，而且会成为同学们佩服的人。

3．"推"。有些学生不愿当班干部，仅仅是因为缺乏自信心，这时候需要有人适当地"推"一把，才能促使他们将蕴藏的能力和潜质发挥出来。有一个学生做事非常认真，有责任心，学习也很刻苦，颇受学生欢迎。按道理，她是有能力担任班干部的，但是她觉得自己缺乏这方面的能力，不愿意担任班干部。我把她找来，提出让她参加班干部竞选，她有一点惶恐，急忙应声道："老师，我不行，我干不好！""没干怎么知道干不好呢？有句话是这样说的，要想让足球进球门，你必须去踢。踢了，就有可能进球，不踢，就不可能进球。因此，凡事应敢于尝试，没有尝试过就不要轻易说自己不行。"没等她开口我又接着说道，"老师为什么找你，就是因为我觉得你有能力做好班干部，我对你充满信心，把事情交给你，老师很放心。"谈话结束时，她爽快地回答道："既然老师这么信任我，那我就试试看吧！"对学生有信心，也能让学生愿意担任班干部。

4．"逼"。对于有能力胜任，但由于种种顾虑不肯当班干部的学生，采取"逼"的方法不失为一种较好的选择。有一个学生本来有能力胜任班干部工作，但他不想担任班干部，至于原因自己也说不出个所以然。针对这种情况，我采用了"暗箱操作"的方法"逼"他担任班干部。我先找来几个学生，引导他们发现这个学生的优点，接着在班会课上采取公选的方式，让同学们推荐候选人，并讨论候选人的优缺点。然后，让全班同学给几个候选人投票，选举自己信任的班干部。我心目中的人选自然会被推荐，而且最后也没有落选。当然，在祝贺他当选为班干部的同时，我也让他认识到他的当选是众望所归，班干部工作关系到班级的利益，他也表示一定要当好班，站好岗。

## 三、给予适时指导和点拨

在新的班子成立之后，我立即召集新当选的班干部开会，让他们明确各自的职责,并指导他们开展班级工作。于是,一个新的班子在我的指导下逐渐成长起来了,并在班级中发挥出越来越大的作用。同时,我还注重培养"新鲜血液",不断充实班子力量,增强班子活力。在此基础上,我还逐步推行了"班干部轮换制"、"竞选制"等管理方法,鼓励班级中每个成员主动来承担班级工作,从而提高自己的能力。看到一项项班级活动在班干部的组织下开展得有声有色,看到一个个孩子勇敢地站出来竞选班干部,我欣慰极了。

每个学生都有独特的一面,如果暂时不愿意担任班干部也属正常。对那些不愿意当"官"但有能力胜任班干部工作的学生,班主任只要多动动脑子,一定会让学生自觉自愿地走上"仕途",为自己服务,为同学服务,为班级服务。

(作者单位　甘肃敦煌孟家桥中学)

# 消除班干部怨气的四种方法

王华良

班干部在工作中总会碰到这样或那样的问题,而班主任就经常要面对班干部的牢骚和怨气。那么,班主任怎样做才能有效地消除班干部的怨气呢?

## 冷处理——缓兵之计查实情

班干部有怨气时往往喜欢发牢骚,比较冲动,理智常常为感情所支配。此时最好采用缓兵之计,让他冷静一下,这样可以缓冲矛盾,赢得时间,等班主任了解了真实情况之后,再寻求解决问题的方法。

一次,我班的班长突然跑进办公室,眼泪汪汪地对我说:"老师,我不想当班长了,我干不好。"刚才还好好的,为什么突然之间就不想干了?再说她不但工作负责,而且人缘好,是一个难得的班干部。我笑着对她说:"你的情况我知道了,现在你先回去,等一会儿我再答复你。"等她走后,我马上从同学中了解到,近来她父母的关系很紧张,昨天她母亲还到学校跟她说要和她父亲离婚,加上今天早晨她因为送同学去医院导致上学迟到了,被值日老师批评了一顿。怪不得!之后,我找她说了两点:"第一,作为一个高中生,你有责任让家庭和睦,因此,你可以做做父母的思想工作,但前提是不能影响你的学习。你现在是学生，最重要的任务就是把学习搞好。第二，我已向值日老师说清楚了你今天早上迟到的原因。"最后，她表明愿意继续担任班长。

## 两分法——辩证剖析明是非

班干部之所以有怨气，发牢骚，与班主任发生争执，往往是因为他们只考虑到了自身的感受，缺乏全局观念。因此，应该采用两分法剖析事物，让他们明辨是非，强化他们的全局观念，帮助他们正确认识自己，从而解开他们的心结。

学习委员王某在学期结束时没有被评为"三好学生"，于是很不服气，便向我发牢骚："一学期以来，我自觉遵守学校的各项规章制度，成绩始终名列前茅，工作也从不落后，为什么我没有被评为'三好学生'？"我开导他："不错，你的确是一位工作认真、尽职尽责的好干部，是班主任的得力助手；你也是一个学习刻苦、成绩优秀的同学，老师也认为你很优秀。但是，评'三好学生'不仅要看成绩和工作态度，还要看平时的表现和工作效果等。评上的这几位同学，在这几方面确实要比你做得好。如果来年你在这些方面再努力一点，我认为你是很有希望被评上'三好学生'的。"我的这一番话之所以让这位学生心服口服，原因就在于我采用了两分法辩证地分析问题。

## 激将法——反弹琵琶促奋进

请将不如激将。有时对那些爱发牢骚，心胸较狭窄，自尊心强，但工作能力也强的班干部，不妨用一下激将法。用反话刺激他，让他从自我压抑中解脱出来，或许能让他有比较大的改变。

有一次，一位学生在周记里写道："在现在这个社会，能力低、胆子大的人撑世面，能力强、胆子小的人靠边站。在我们的班级里，又何尝不是如此呢?"这位学生各方面的表现都不错,就是心胸有一些狭窄。于是,我对他说:"现在的社会讲究真才实学,能力强的人一定能做大事,能力强的人胆子也不一定就小。人家有出息,你不要不服气,有本事你露两手。过两个星期就要开运动会了,你敢不敢立军令状,当运动会期间的临时班长,把我们班的活动组织好?"这番话对这位同学的触动很大,他为了证明自己的能力,不但承担了这一任务,而且把活动组织得井井有条。在这次运动会中,我们班还是学校唯一一个获得"精神文明奖"的班级。

## 亮底牌——以公为重抑私欲

某些班干部私欲强,个人主义比较严重,稍不如意就满腹牢骚,老师多次教育也难以奏效。对这样的班干部,采取"亮底牌"的方法可以起到一定的效果。

某班干部总觉得自己的工作干得不少,学习也过得去,可评先进时却不如意,因而常常当众发牢骚。有一次,他在班上说:"我真是吃力不讨好,不但要受上面的气,还要受下面的气,而且人小权微,有名无实,好事没份,吃力有份。唉!这个世道!"这些话刚好被我听到了,我当场就对他说:"小王,你说你'人小权微,有名无实,好事没份,吃力有份',你的权要多大?你要的'好事'到底是什么?你说说看。"这一席话让小王满脸通红,事后他向我承认了错误。其实我就是采用当众"亮底牌"的方法来点出他的私心。也许这种方法有点残酷,但对这类班干部,偶尔用一下也未尝不可。

魏书生老师说过一句话:"不要怪学生难教,而要看自己是否有足够的教学方法。"班主任只有根据学生的具体情况而采取相应的教育方法,才会收到事半功倍的教育效果。

(作者单位　浙江绍兴越崎中学)

# 缓冲带，让班主任更受欢迎

咸有桃

做过班主任的老师可能都有这样的体会：接手一个新的班级之后，班主任可能很快就会成为学生心目中最有权威的人，但不一定是学生最喜欢的人。

除了父母之外，班主任往往是学生接触最多的人。班主任与学生朝夕相处，对学生关怀备至，但班主任为什么不受学生欢迎呢？我们不能忽略一个重要的事实，那就是在学生看来，班主任是一个管理者。角色上的距离感带来的是学生心理上的本能的疏远，这时，如果班主任事必躬亲，动不动就批评学生，那么师生之间就会产生矛盾，甚至有可能形成一道难以愈合的裂痕。班主任究竟该怎样跟学生相处呢？建立班级管理的缓冲带，也就是说，在班主任与学生之间建立一个联系双方的管理层，就可以让班主任与学生友好相处。

对于这个管理层的人选，我们首先想到的是班干部。班主任可以把班级常规管理的各项工作分解成几块，由几位班干部分别负责，多数问题让班干部与学生协商解决，他们解决不了的再由班主任调解，这样，就可以减小师生之间产生矛盾的可能性。

选出一个副班主任也是很好的策略。作为班主任的助手，副班主任可以与学生的距离更近一些，他不需要保持管理者的威严，可以在轻松的氛围中解决一些小问题，避免把各种小事都捅到班主任那儿去，也就可以避免矛盾集中化。

"自管小组"也可以成为很好的缓冲带。把班上的学生分成若干小组，由每个组长负责管理本组成员，这样也可以及时化解矛盾。

另外，还可以在班上设一本流动的"班级日记本"，为班主任与学生建立一个文字交流的平台，这可以避免班主任与学生发生口头上的直接交锋，起到很好的缓冲作用。学生可以作书面的辩解，班主任也可以敞开自己的心扉，这样，大家都可以冷静地思考，遇事有回旋的余地。根据我的经验，学生往往对老师的文字很感兴趣，也比较容易从老师的文字中接受教诲。

在班主任与学生之间建起一道立体的缓冲带，不仅能让双方尽快地熟悉，而且能使班主任成为学生心目中既威严又亲切的民主管理者。

（作者单位　江苏兴化楚水实验学校）

第四辑

日常管理

# 不妨也来个班务公开

张世意

村有村务公开,厂有厂务公开,校有校务公开,实践证明,这些"公开"是实施民主管理和民主监督的好举措。班级不妨也来个班务公开,只是我说的班务公开的内容与村务、厂务、校务公开的内容不相同。每年秋季都有一大批新生入学,这些新生特别想知道班主任是谁、他的管理水平如何、科任老师是谁等,因此,班务公开就可以满足新生的需求。

## 一、公开班主任的信息

新生一入学,最急于了解的当数班主任。班主任如何适时公开自己,公开哪些内容,这确实是一门学问。公开得恰当,会迅速拉近学生与老师之间的距离,公开得不恰当,班主任给学生的第一印象就坏了。班主任的公开主要有"下马威式"、"不显山露水式"和"大曝光式"。"下马威式"最不可取,不显山露水的班主任常爱丢下一句"至于我是一个怎样的人,大家在以后的接触中会慢慢了解到",这也足以让学生提心吊胆好一阵子。我觉得最理想的是"大曝光式",将自己的求学经历、教学经历、做班主任工作的时间、兴趣、爱好、优点、缺点等一股脑儿全抖出来,这样,学生容易产生共鸣,并从中感受到班主任的坦诚和实在。班主任与学生的距离拉近了,以后开展工作就顺利多了。

## 二、公开治班的思路

如果说第一个"公开"是拉近距离的话，那么第二个"公开"就是展示才能。众所周知，班级管理最忌"头痛医头，脚痛医脚"、"按住葫芦浮起瓢"的无计划性管理和朝令夕改的随意性管理。在开学之初就公开自己的治班思路，可以让学生的行为有准则可依，有明确的奋斗目标，是一个明智之举。

一般来说，班主任首先要确定是人治还是法治。如果是法治，要确定班规、目标、选举班干部的方法、考评细则、奖惩措施等。在公开治班思路之前，班主任要做好充分的准备，要将短期目标与长远目标相结合，要让学生觉得治班思路清晰，目标明确。另外，还要让学生明白，班级是大家的，学生应自觉遵守各项规章制度，自觉维护班集体的荣誉，努力为班集体争光。

## 三、公开科任老师的信息

新生入学后一般都想尽快了解科任教师，班主任应及时公开本班科任教师的一些信息，以便及早消除学生的陌生感，让学生尽快适应教师的教学风格。

班主任在公开科任老师的信息之前应征得科任教师的同意，争取他们的配合，最好能让他们亲自向学生介绍自己的性格、教学风格、教学经验、教学成绩、科研成果等。适当的信息公开会增加学生和家长的安全感，也有利于教师教学活动的顺利开展。

## 四、公开各学科知识的特点

公开各学科知识的特点，能有效地帮助学生提高学习效果。新生如果入学后就能获知自己在各学年将学习哪些知识，有哪些学习重点和难点，要达到什么样的要求，各学段之间的知识有什么联系等，就会对这一学科知识有一个整体的印象，就会注意各知识点之间的联系，这样，他们在预习、听课、做练习、复习时就会做到有的放矢，并且容易建立比较完善的知识体系。

（作者单位　湖北竹山一中）

# 班级管理金点子

郑立平

对于班级管理，很难找到固定的模式和方法，要想实现我们的班级发展目标，更多地需要一些创新性的措施和做法。这些措施和做法或许看上去比较细微，但实际上作用很大，如果长期坚持，必定会取得意想不到的效果。

## 表情监督员

天天和学生打交道的班主任往往比其他老师更容易情绪激动，如果班主任控制不好自己的情绪，说出过激的语言或做出过激的行为，就有可能扩大事态，甚至酿成恶性事件。

问题的关键在于，班主任作为当事人，深陷当时的情绪环境中，也许很难及时意识到自己的言行不当。所以，班主任要想及时、有效地把握自己的情绪，最好有一种外在监督。

我用心挑选了两个坐在前排的聪明灵活又讲礼貌的孩子，让他们担任表情监督员。我叮嘱他们，不管是在课堂上还是在会议上，只要发现班主任情绪激动，就赶紧偷偷地摇手示意；如果班主任没有察觉到，就站起来，在假装询问问题的同时，及时用语言、眼色或手势等提醒班主任注意。在这两名表情监督员的帮助下，我开始注意控制自己的情绪，学生们的脸上也洋溢着轻松的笑容。

## "四联单"评语

随着新课改的推进，班主任逐渐注重评语的鼓励性，评语的内容和形式也发生了很大的变化，但是，这些变化并没有真正触及本质。首先，现在的评语仍然只是班主任的"一言堂"，作为评价对象的学生却没有发言权；其次，学生生活在一个复杂的环境中，除教师外，还有很多其他因素影响其成长，特别是同学和家庭，而这些在评语中没有得到体现。我们知道，无论语言多么华丽，评语只有引起学生反思，使学生产生共鸣，才能真正促进学生学习。评价的主体应包括教师、家长、同学等。以下是我大胆推行的"四联单"评语。

表4-1　"四联单"评语

| | |
|---|---|
| 同学的真心话 | |
| 老师的评价与希望 | |
| 孩子，我想对你说（家长的话） | |
| 自我反思与总结 | |

## 弹性惩戒单

秋季开学初，我和学生们共同制定了班级管理细则，详细规定了各种违纪行为和落后表现应该受到的惩罚。和其他班级不同，我们班规定违纪行为所对应的惩罚措施不止一条，而是并列的多条。如果学生有违纪行为，他可以从相应的惩戒措施中选择一条并执行。例如，某学生上晚自习时和同桌吵闹，扰乱了课堂纪律，班长根据班规，很快就会开出以下"惩戒通知单"。

## 惩戒通知单

××同学：

今晚上自习课时，你和××大声吵闹，不仅耽误了自己学习，而且严重影响了课堂秩序。你的行为已经违反了我们的班规第20条，为使你进一步认识到自己的错误，养成良好的学习习惯，请从以下几条惩戒措施中选择一条，并在班级纪律检查委员会的监督下认真执行。

（1）说明情况，向全班同学公开道歉，争取同学们的原谅。

（2）写一份呼吁同学们认真学习的倡议书，并在宣传栏中张贴。

（3）写一份关于违纪心理剖析的报告，并在班级中宣读。

（4）为同学们唱一首歌，活跃班级气氛。

（5）围绕操场跑步5圈，以强化认识。

## 班务活动竞标制

一般来说，班务活动大多是在班主任的指定或安排下，由小组或个人被动完成的。时间长了，学生就会逐渐产生机械应付的心理，出现拖沓等现象，这会直接影响班级活动的质量和效果，同时学生也难以真正得到锻炼和提高。

受工程投标的启发，我想到了在班级中实行"班务活动竞标制"，就是把班级日常工作中的组织权、管理权等全部以竞争投标的形式，承包给个人或小组，由他们分别负责规划设计、组织安排或实施。由班主任和"班务委员会"负责验收评价，并在团队小组和个人综合考核中予以奖励性加分。例如，为迎接学校黑板报评比，我或常务班长就会把评比的主要内容传达给学生，并提出具体要求和目标，特别是要把奖励措施讲清楚。然后，由各团队小组或学生个人，写出包括具体实施计划和预期目标的"投标书"，班主任和班委会在认真考虑各"投标书"的可行性和优劣之后作出选择，并向全体学生公布竞标结果。之后，"中标"的小组或个人立即行动，班主任和任课教师无条件地提供帮助和支持。

## 用阅读法转化后进生

2002年,我在一个后进生身上进行"以阅读促转化"的尝试并获得了很大成功,之后,我开始在数学教学中大力推行这种做法。我不再机械地为他们补知识,而是根据每个后进生的性格、爱好、习惯、知识基础等各方面的情况,从培养他们良好的阅读和思考习惯入手,首先给他们提供和推荐符合各自特点的阅读书目,然后鼓励和要求他们充分利用课堂或课余时间来读书。对理解能力比较弱的学生,我就让他们读《福尔摩斯探案集》、《寓言故事》、《智慧与人生》等书籍;对学习兴趣比较差的学生,我则让他们读《趣味数学》、《数学演义》、《生活中的数学》等通俗易懂的数学人文读本……在我的课堂上,对于那些实在听不懂的内容,学生可以不听,对于实在不会做的题目,学生可以不做,取而代之的是阅读那些有助于提高思维能力和养成良好的思考习惯的书。

刚开始,我的这种看似与数学课堂教学不着边的做法遭到了其他老师的嘲笑。但是仅仅两三个月后,情况就发生了变化。通过大量的阅读,学生不仅明显地改变了学习和行为习惯,而且对数学学习有了更浓的兴趣,对数学知识的理解能力也有了很大提高。接下来,我开始着手引导他们写数学笔记和编数学故事,我试着让他们把课本上的数学题改编成自己日常生活中的小问题,从而进一步激发他们的学习兴趣,让他们感受到数学的奥妙和神奇。后进生逐渐对那些原本感到非常恐怖的数学题有兴趣了。那些被许多老师认为没有数学细胞的孩子,其数学成绩都有了不同程度的提高,有些甚至还进入上游。

## 给家长写感谢信

写信是加强家长和学校之间的沟通的一种很好的方法。但是从以往的情况来看,我们的信大多是向家长陈述孩子的在校表现和成绩,或是对家长提出要求和建议。近年来，我试着在信的内容上做一些改变，主要感谢家长对教师工作的支持和帮助，并表达教师对孩子的信任与期待，这些特殊的感谢信使我赢得了家长们更多的支持和帮助。我的第一封感谢信是这样写的：

尊敬的家长：

你们好！让此信带去我对你们的衷心感谢，感谢你们对学校和班级工作的支持，感谢你们为学校输送了一个努力上进的学生！

刘钊同学进入我班后，在学习、生活、纪律、文明礼貌等方面都有了很大的进步。他基本上改掉了上课做小动作的毛病，注意力集中了，爱回答问题了，有时他还能发表一些独到的见解。在上周的献爱心捐款活动中，他的表现非常突出。而且这次数学考试中，他获得了优异成绩，超过了自己以往的数学最高分。看到他有了这样明显的进步，我感到特别欣慰。

虽然，他的学习基础不够好，但他并没有气馁，他说要用优异的成绩来证明自己。我相信将来他一定会给我们带来更大的惊喜。

我对他充满信心，相信他能取得更大的进步。我为有一个这么懂事的学生而高兴！再次感谢你们给学校输送了一个好学生！

×××

××年××月××日

（作者单位　山东寿光世纪学校）

# 我班的程序管理

刘令军

在班级日常事务管理中,班主任不仅自己要能独当一面,还要教会学生独当一面。这样,你才能把自己"解放"出来。

家用电器的说明书为我提供了管理借鉴。想想看,买回来一台家用电器,你是怎么知道其使用方法的?事实上,生产厂家已经设计好使用程序了,我们只要按照说明书上的程序操作就行。

那么,对于班级管理,我们是不是也可以事先设计好一个程序,让学生照章操作呢?我尝试着在班级中实行程序管理。

## 打扫卫生程序

打扫公共卫生历来是班级管理中一个很具体的环节,我们学校实施的是"一日三扫"制度。以前,几乎每天都有人跟我打小报告:某某同学像一个嘉宾,等到大家快打扫完的时候,他才象征性地挥几下扫帚;某某同学有"绅士风度",专门做"女士优先"的礼让;某某同学今天做足了"君子"(动口),绝不做"小人"(动手),等等。

针对这种情况,我设计了打扫卫生程序。首先将公共卫生区划分为五块,每天安排五名同学打扫公共卫生,每人负责一块。第一块最小,依次递增,第五块最大。然后让学生按到校的先后顺序选择卫生区。

结果:将班级公共区卫生管理程序化,让每一个学生都知道如何操作。从此,在打扫卫生上不再有学生向我打小报告,我算是"耳根清净"了。

## 辩论会程序

**1. 辩论会的选题和人员招募**

①每周三之前由班长提出选题,并在全班范围内组织招募主持人。如果无人"应聘",则由班长自己担任主持人。

②由主持人负责招募五名评委,并明确指定其中的一名为首席评委,还要招募正方队长和反方队长。

③由正反两方队长任一辩,队长还要负责招募三名队员,并分别指定二辩、三辩、四辩。

**2. 辩论会的组织安排**

①辩论会会场由当天的值日班长负责布置,值日班长应利用课间十分钟组织全班同学调整座位,并布置好主持人、评委、辩论成员的座位。

②主持人在辩论会开始之前,要在黑板上板书辩论会的主题和正反方的观点,在整个辩论过程中,主持人还要串联会场。

③不参加辩论的学生可自由选择做正方或反方的拉拉队员。

**3. 辩论会的要求和程序**

要求:①评价一场辩论会,关键要看双方的内容资料、辩论技巧和整体配合等。要求本队队员能够就自己一方所持的观点自圆其说。

②在辩论过程中,双方队员要讲文明,不得进行人身攻击,不要大吵大叫;要注重整体配合,不要独占会场;要抓住要点,不要转移论题。

③辩论会参赛人员要遵守比赛规则,不得讲与辩题无关的话题。

程序:①程序辩论阶段。由双方出场的一辩、二辩、三辩、四辩交错发言,要限制发言时间,每人发言不得超过两分钟(由主持人负责控制时间）。

②自由辩论阶段。在正方任何一位选手向反方提问落座后，主持人为反方计时，直到反方选手应辩落座，接下来为正方计时。在自由辩论阶段，正方和反方的总辩论时间各为十分钟。

③总结发言阶段。先由正方的一辩进行总结发言，再由反方的一辩进行总结发言，发言时间各为三分钟。

④首席评委做评价发言。

⑤主持人宣布评分结果。

注意事项：班级活动是服务于教育的，并不是说有了"操作程序"，班主任就可以置之不理，任由学生去操作，这样，辩论会很容易失控。班主任应注意以下两点：

第一，辩论的胜否不在于拥有论据的多少，而在于辩论的技巧，因为辩论本身就是语言表达能力、逻辑思维能力和应变能力的展示。

第二，一个优秀的辩手，首先应具备严密的逻辑思维，其次要有独到的见解和幽默的语言，这是制胜的条件。班主任要一一分析辩手在辩论过程中的得失。

结果：辩论不仅提高了学生的表达能力和应变能力，更重要的是解决了一些实际问题。如，学生通过辩论"中学生应不应该在家里做适当的家务"、"中学生应不应该进网吧"等话题，提高了认识，这种教育效果是任何说教都难以达到的。

## 班级陋习审判程序

**1. 提起审判程序**

①各值日班长在值日期间可以以"公诉人"的身份向"班级陋习审判法庭"提起公诉。

②"公诉人"应当书写"起诉书"，并且将收集到的有关证据一并移送

"班级陋习审判法庭"。

③"审判长"在接到"起诉书"的三日内，组织召开"班级陋习审判会"。

**2. 人员设置**

①"审判长"由前一任值日班长担任，"审判长"自主选拔两名"陪审员"和一名"书记员"。

②"公诉人"指定一名同学扮演"被告"，并为"被告"指定一名"辩护律师"，还为自己聘请一名"辩护律师"。

**3. 布置审判会场**

①"审判会场"布置成"口"字形，上方为讲台，设"审判长"座位，讲台下方与讲台平行布置两张"陪审员"座位。

②左右两边分别布置两张课桌，左边从上至下依次为"辩护律师席"和"被告席"，右边由上至下依次为"辩护律师席"和"公诉人席"。

③下方设四席，第一席为"书记员席"，其余三席分别为"证人"、"鉴定人"预留席。

④将教室里其余的课桌均匀摆满整个教室，设为"旁听席"。

**4. 审理程序**

①开庭前，由"书记员"向全班介绍担任本次"审判"工作的"审判长"和两名"陪审员"，并查点到庭人员，宣布注意事项。

②"审判人员"入庭后，由"审判长"宣布开庭，宣布所审理的"案件"。然后由"审判长"告知"被告人"应有的诉讼权利。

③"法庭"调查。"审判长"宣读"起诉书"，对"被告人"加以讯问。讯问证人的时候，"审判长"应当指出"本案"需要他证明的问题，并让他作充分的陈述。在调查过程中，"被告辩护律师"在征得"审判长"许可的情况下，可以向"被告人"、"证人"、"鉴定人"发问。

④"法庭"辩论。"法庭"调查之后，"审判长"如果认为"案情"已经完全查清，可以宣布开始辩论。先由"公诉人"和他的"辩护律师"发

言,然后由"被告"和他的"辩护律师"辩护,之后双方可以进行辩论。

⑤"被告"作最后陈述。"审判长"宣布辩论终止后,让"被告人"作最后陈述。

⑥在审理的过程中,旁听的同学如果有意见或看法,可以举手,并在征得"审判长"同意的情况下,可以向"审判长"提出自己的意见,这也可以作为"判决"的参考依据。

⑦"审判长"和"陪审员"退庭进行评议,并写出"判决书",然后当庭"宣判"。

⑧在审理过程中,"书记员"必须认真负责地做好记录工作,如实地记录"审判"过程中的全部活动情况。如果当庭记录有不够完整的地方,应当在闭庭后及时加以完善。

这些程序制定出来以后,学生就可以按照程序操作了。值日班长在值日的过程中,如果发现班级内部出现了不良现象,如互相推卸责任、随地吐痰等,可以对当事人进行"审判"。

(作者单位　湖南宁乡煤炭坝煤城中学)

# 班级管理策略

李瑞娟

多年来,我一直从事初中班主任的工作。我的班级管理理念是把学生的思想品德教育放在首要位置,从习惯的培养、方法的指导、德育的渗透这三个方面进行教育。在这里,我想谈谈我的班级管理策略。

## 一、"唠叨"策略

老师对学生念叨得多了,学生就不愿多听,有时为了让老师不再念叨,学生就会自觉起来。学生自觉的次数多了,就会养成习惯,习惯养成之后,学生就会主动起来,这时班主任就无需管理了,这就真正达到了管理的最高境界——不管。

每天一句温馨的话。我每天都会在黑板专栏中写一句话来表达对学生的关爱。比如,天凉了,我写道:"孩子们,天凉了,请注意保暖!"进入了紧张的复习阶段,我写道:"别急,我们必胜!"孩子们学习松懈时,我写道:"孩子们,你们怎么了?要认输吗?"一句句简单而温暖的话语体现了我对他们成长的关注和鼓励。

每天一篇美文。每天都有学生犯错,从这学期开始,我要求每天第一个犯错的学生在晚自习时当众朗读一篇文章,如《我的明天,我做主》、

《为梦想而努力奋斗》等。朗读不仅可以培养学生的朗诵能力，也能让学生在朗诵的过程当中认识到自己的错误，从而由衷地接受老师的批评。

每天找一个学生谈话。我每天都会找一个学生谈话，谈话内容涉及学习、生活、交友等多个方面，谈话的对象多为一些意志消沉的学生，谈话多以鼓励和开导为主。这样的谈话能更好地激发学生的学习欲望，取得比较好的教育效果。

每天琢磨一节课。我是政治老师，这课程不需要每天备新课，但我会把学生的典型行为都变成教学素材，供上课时使用。这样既开发了教材，又让学生学起来通俗易懂，达到了很好的教育效果。久而久之，学生因怕我把他们编入教学素材中，便逐渐收敛了自己的一些不端行为，尤其是在每周上政治课的那一天，同学们都表现得很好。

在我每天的这番唠叨下，学生们慢慢明白了是非、美丑、善恶的标准，逐渐变成了一个个积极上进、渴望成功的人。

## 二、"洗礼"策略

思想一旦深入人心，就会变成行动。于是我每周对学生进行一次"洗礼"，让科学的思想在他们的心中生根发芽。

每周读一遍"初73班成功宝典"或"初73班班级誓言"。"初73班成功宝典"中写着"态度决定命运，细节成就完美，习惯影响一生"等语句。"初73班班级誓言"中写着"不做懦弱无能的退缩者，也不做犹豫不决的彷徨者，我将带着从容的微笑赢得辉煌"等语句。通过宣誓、表决心，学生在这周必定意气风发，干劲十足。

每周写一篇感悟。我每周让学生写一篇感悟，题目自定，优秀文章将会被当作范文在班上宣读。从这些文章中，我了解了学生的想法，也明白了他们成长中的烦恼。在一次以"告别零食，合理消费"为主题的班会后，学生翟耀英写道："以前，我不明白李老师为什么不让我们吃零食，这次班会让我了解到吃零食的危害,我现在才明白原来我的消费竟然占家庭消费总支出的三分之一。"

每周学一首歌曲。好的歌曲能给人以心灵的震撼和积极向上的力量。这类歌曲有《感恩的心》、《男儿当自强》、《相信自己》、《每当我走过老师的窗前》、《母亲》、《父亲》等。

每周评一个明星。榜样的力量是无穷的。从这个学期开始,我们班每周都会评选出一个明星。我仿照"感动中国"人物评选活动颁奖的程序,亲自撰写颁奖词,还安排了同学送贺词这一环节。通过开展这一活动,学生的自尊需求得到了满足,还懂得了如何赞美别人、欣赏别人。如,第一周的明星贾俊鹏是一个耳朵失聪的孩子,但是他凭着自己的努力取得了优异成绩。对此,我写下了这样的颁奖词:"挫折中领略生命的坚强,不幸中体会生活的多姿。你用真诚的心、善良的情、奋斗的手、自信的腿赢得了一个男子汉应有的尊严。"程思凡同学送给他的贺词是:"你用欢乐的火焰燃尽萦绕心头的惆怅,你用和煦的阳光照亮阴晦的心情。你告诉我们,天之骄子不言失败,天之骄子不言注定,擦干眼泪,继续前行。"

通过接受一周一次的思想"洗礼",学生们都信心满满,斗志昂扬,学习内驱力明显增强了。

## 三、感恩策略

人人都应该有一颗感恩的心,班主任应该教育孩子懂得感恩,懂得父母和老师的一片良苦用心。

每月写一次成长记录。每次放月假之前,我都会把学生这一个月以来的表现写在成长记录本上,然后让学生带回家给家长查看。这个成长记录本架起了学校与家长之间沟通的桥梁。

每月举行一次活动。比如,举行演讲比赛、知识竞赛,在母亲节、父亲节、教师节等节日举行一些庆祝活动。这些活动不仅丰富了学生的学习生活，也拉近了师生之间的距离。

每月写一封信。随着时代的发展，书信渐渐地远离了人们的生活，但书信作为表达感情的一种方式，有其不可替代的一面。每个月要么我给学生写一封公开信，要么学生们给我写一封信，要么学生给家长写一封信，要么家长给学生写一封信。通过这样的方式，学生可以体会父母和老师的良苦用心，父母和老师也可以明白孩子的奋斗决心，亲情、师生情在这里得到了升华。父母对他们的爱、老师对他们的情可以极大地激发学生奋发图强的勇气和信心，这将会成为学生追求成功的外动力。

每月考核一次。我们班每个月进行一次全方位考核，总排名前十位的同学将获得奖状和优秀的评语。这样的考核可以增强学生的竞争意识。

总之，如果学生有成功的内驱力和外动力，那么他离成功也就不远了。可见，我们应该把德育工作放在重要位置，然而，对学生的德育渗透并不是一朝一夕就能实现的，因此，教师需要有水滴石穿的毅力以及对教育事业的执著和激情。

（作者单位　山西忻州实验中学）

第五辑

班规班纪

# 在"对话"中制定班规

尧卫国

新课程标准指出,"教师要在与学生平等对话的合作互动中,加强对学生的点拨和指导,实现教学相长"。这里的"对话"不仅要落实到课堂教学中,也应落实到班级管理中。在对话精神的指导下,教师与学生之间不再是教训与被教训、灌输与被灌输、征服与被征服的关系,而应是平等的双向交流关系。学生作为有人格尊严的独立主体,应该与教师相互尊重、相互合作、相互信任,学生应该真诚地赏识、肯定教师,同时也应受到教师的赏识和肯定。班规制定作为班级管理的一个必不可少的环节,也应体现新课改的对话精神。

1. 班规应在师生共同商议的基础上制定而成

民主的班级规章制度,大多是在师生共同商议的基础上制定而成的。那些遭到学生抵触的班规,大多是由班主任独自制定的。要制定出一份针对性强、可行性好、指导意义大的班规,班主任可以先指导班干部及学生代表拟出讨论稿,然后让全班同学共同讨论,之后再定稿。

2. 班规的约束主体应包括学生和教师

班规中应写入与教师相关的条款,这是师生人格平等的一个重要体现。虽然不少学校现在已经制定了教师教学日常行为规范等,但这更多的是从学校管理的层面来考虑的。其实,学生有权知道也很想知道教师的责任与权利等，班规如果能包括相应的内容，是不是更能体现出新课改倡导的对话精神呢？

一份好的班规，应该包括教师的责任与权利、教师教学日常行为规范和教师面对教学事件的解决方法等。在班规中，我们常要求学生尊敬师长，按时上交作业，知错能改等，事实上我们也应要求教师尊重学生，不侮辱、不体罚学生，及时批改作业，及时反思教学并改进等。正如北师大校训所说，"学为人师，行为世范"。

### 3. 班规应倡导平等与尊重，表述应富有亲和力

不少传统班规往往把学生推向教师的对立面，其文字表述的主要特点为禁令式的权威、模糊不确定以及精神恐吓。

传统的班规中往往带有禁令式的权威语言，其实质是教师潜意识里怀疑和否定学生的行为和能力。比如，班规中要求学生"不迟到，不早退，不旷课，上课不做小动作"，"不抄袭、拖欠作业"，其言下之意就是学生将会迟到、缺交作业等。这类禁令式表述还会使学生产生一种压抑感。这种压抑性权威一旦形成，将"使人感到自己的卑微和渺小，使人产生孤独感、无意义感和无能力感，在压抑性权威的压迫下学生会感到彷徨、焦虑"。因此，制定班规时如何消解压抑性权威，是一个不可回避的问题。

制定班规时，应该采用正面语言加以引导，这既是对学生的尊重，还能有效消解禁令式的压抑性权威。班规例文如下所示。

一、学生日常行为标准

（一）思想

宽容他人，胸襟豁达。

（二）素养

1. 早起锻炼，精力充沛。

2. 乐于助人，团结友爱。

（三）学习

1. 书籍资料，检索有序。

2. 笔记内容，定期整理。

二、常见陋习

（一）思想

心胸狭窄，喜好嫉妒。

（二）素养

1. 公共场合，肆意谈笑。

2. 庸俗书刊，经常在手。

（三）学习

1. 作业拖欠，考试舞弊。

2. 学无计划，笔记空白。

有些班规中使用了一些界定模糊的抽象词语，这样的表述是不明确的。某班规中有这样的表述："学习态度端正，习惯良好"，"以上条款，如有违反，后果自负"，至于怎样才能称得上"学习态度端正"，怎样才算"习惯良好"，如果违反了校纪班规，到底会受到怎样的处理，则没有明确具体的规定。

使用具体化的语言表述，将有助于学生规范自我。如将"学习习惯良好"细化为"积极发言，善于思考；上课专心，自修安静；书籍资料，分类整理；笔记内容，定期整理"，则有利于学生养成良好的学习习惯。

有些班规中还使用了精神恐吓性语言，如"望大家自觉遵守班规，如有违反，严惩不贷"。这样的条文让人望而生畏，用它来要求学生，实在是与新一轮课改倡导的平等对话精神相去甚远。伽达默的对话逻辑要求对话双方进入对话时要放弃自己的主体性，使对话成为没有主体的主体间者。作为主体间者的对话呈现出这样的逻辑，一方说出的话不是另一方的指令，而是期待，即向对方敞开许多未曾说出的东西，使对方获得更多的言语自由。尽管一方的话不能直接成为双方的共识，却能在对话展开的将来兑现双方的认同共识。

**4. 班规不等同于处罚条例，应注重正面引导**

为了便于对违纪学生进行管理，不少教师常倾向于把班规制定成处罚条文。有的甚至涉及被明令禁止的体罚或罚款，如"迟到一次罚站二十分钟"、"闲聊干扰上课的罚款一元"，等等。也有的涉及变相体罚或罚款，如"一周内违纪一次要为班级义务劳动两天，违纪两次要为班级捐课外读物一本"，等等。

其实，一份成功完整的班规，应涉及学生岗位责任制、学生日常行为标准、教师岗位责任制、教师日常行为标准、教学问题解决方案五个方面，既要包括对学生思想、行为的正面引导，又要包括对教师的要求。班规中对班委工作可以进行以下引导：

1. 班委会由一名学习委员、一名生活委员、一名文娱委员、一名宣传委员和两名常务班长组成。

2. 学习委员的职责为：①负责指导各学科代表开展工作；②负责指导各学科兴趣活动小组开展工作；③负责考场安排；④负责统计各学科的考试成绩；⑤负责定期推荐优秀的学习方法；⑥负责领取粉笔。

3. 生活委员的职责为：①督促值日生搞好班级卫生，督促同学保持个人生活区整洁；②负责班费的管理工作；③组织全班同学进行大扫除。

4. 文娱委员的职责为：①负责班级文娱活动的开展；②负责文艺汇演节目的编排。

5. 宣传委员负责组织同学向校内外报刊投稿。

6. 常务班长的职责为：①全面负责班级各项活动的开展，努力为同学服务；②及时传达学校及班主任对班级活动的要求，并组织同学将要求落到实处；③督促和指导班委会成员开展工作，有权根据工作的需要任免班委会成员；④负责组织并主持新一届班委的选举。

**5. 老师应带领学生详细解读班规**

班规制定之后，班主任往往先让班干部在班上宣读，然后将其张贴在教室里，至此，班规就算具有了规约效力。但是，这种做法极不利于学生对班规的理解，甚至会激起学生的抵触情绪。

即使是在"对话"中产生的班规，班主任也应利用专门的时间与学生共同解读，一是解读制定班规的指导思想及意义，二是解读班规的实施方法，重点应对师生的责任、日常行为等进行正面引导。

总之，新课改背景下的班规制定应体现对话精神，强调尊重多元文化。班规的制定，意味着对话，意味着参与，意味着建构，而不是强迫学生接纳。对话的最终目的是要达成师生间的共识——这种共识不是在强迫的基础上达成的，也不要求学生当时就接受。

（作者单位　北京师范大学）

# 法治是民主管理的必然方向
## ——关于班规的问答
熊华生  郑学志

问：依法治班或者是说依班规管理班级的实质是什么？

答：依法治班的实质就是在班上尽可能地实行民主管理，倡导师生共同制定和遵守班规，构建一种新型的教育环境。学生在民主管理中发挥主体作用，班主任是班规的约束主体之一。依班规治班是民主管理、自主管理和依法管理在班级层面的生动体现。

问：依班规管理班级有什么好处？

答：思想决定行动，观念决定成效，不同的教育管理思想会带来不同的教育效果。传统的班级管理实行人治，由于班主任的素质不同、水平不一，班级管理质量容易受到老师的个人因素的影响，因此，人治不利于学生的健康成长。依法治班则不同，它所建立的是一种理性的教育环境，即班主任要在班级管理中表现出规则意识和契约意识，班主任对学生进行教育管理时不再以个人好恶为转移，而是以制度为依据。依法治班更多地体现了现代教育倡导的科学和民主精神。

对班主任来说，依法治班最大的好处就是让学生学会自治，学会民主管理，从而让自己最大限度地解放出来，避免成为学生的"高级保姆"。另外，依法治班还有利于为国家培养富有科学民主精神和责任意识的公民。每个人从学生时代起就应该认识到个人的权威是不足信的，要养成按规则办事的好习惯，只有这样才能构建和谐社会。可以说，师生共同制定和遵守班规，有利于培养学生的民主、自治和法治素质。

简而言之，依法治班是一种有效、科学的管理方式，而且班主任比较省心，非常值得推崇。

问：究竟是班主任大还是班规大？

答：在我们现行的班级管理中，仍有不少班主任凌驾于学生之上。事实证明，如果我们一开始就对学生进行不平等教育，那么这种教育是不可能成功的。在民主治班的理念中，制度是最高准则，班主任也要接受班规的约束力。我研究了很多卓越班主任的班级管理策略之后发现，凡是有效的班规，都会对班主任有一定的约束力。比如，魏书生老师就在班上设立了一名提醒老师控制情绪的学生监督员。李镇西老师也在班规中明确规定，班规不仅对学生有约束力，而且对班主任也有约束力。李镇西老师还因对学生发火而被罚扫地一天。郑学志老师在他制定的班规中也明确规定了班规对班主任有约束力。如果制度对管理者没有约束的话，那么法治就会变成人治。制度高于一切，真正的法治应该是管理者与被管理者都受制度的约束。

班规就像一种游戏规则，如果班规对班主任没有约束力，那么学生就会觉得这个游戏一点也不好玩，甚至会拒绝继续玩下去。

问：究竟谁是依法治班的主体？

答：衡量班级管理是法治还是人治，要看班规由谁来执行。如果由班主任来执行班规，班上的事情由班主任说了算，班级管理的最终解释权在班主任手里，这就不是真正意义上的法治，其实质还是人治。依法治班的主体应该是全体同学和老师，师生都按照班规履行自己的职责，这才是真正意义上的法治。也只有这样，才能够真正地调动学生参与班级管理的积极性，才能够真正地让学生学会自我管理。

问：班规就是处罚细则吗？

答：没有惩罚的教育是不完整的教育，但是我反对把班规搞成处罚细则。我认为班规最重要的功能还是教育，惩罚主要是为了纠正孩子的错误言行。如果班规里的处罚细则太多，将不利于其教育功能的实现。

班规应该注重奖励，事实上，在教育行为中，鼓励和适当的奖励往往会比处罚更有效。

不知道大家是否注意到，有效的班规往往不含有处罚细则，如魏书生老师制定的班规基本上就是介绍岗位职责，外加各种"常规"，如"一日常规"、"一周常规"、"一月常规"、"一学期常规"，他把重心放在明确任务和教育引导上。

因此，班规不能仅仅包含奖惩条例和量化规则，班规更应注重从正面教育和引导学生。

问：当班规出现空白时该怎么办？

答：过去我们往往片面地认为，制定制度仅仅是为了管理人。其实，一个好的制度，不仅能管理人，而且能发展人。当班规出现空白时，我们应该利用这个契机对学生进行规则教育。教师还应与学生共同完善班规，要让学生认识到，规则是必不可少的，每个人都必须遵守规则。

对于这个问题的处理，可能会出现两种极端情况：一种是消极派，他们认为既然班规没有涉及这种行为，就不应该对学生进行处罚，这是典型的教条主义思想；一种是强权派，他们主张先处罚犯错误的学生，然后再作解释，之后把这些意见补充进班规，这种做法实际上是人治。我认为这两种处理方式都不是很合适，最好的办法是按照立法精神（或者说立法原则）来处理，即结合我们制定班规的目的来处理。打个比方，现在很多学生使用手机，那么学生应不应该将手机带进课堂呢？对于这个问题，班规中并没有明确规定，该怎么处理呢？我认为最好的办法就是看看我们制定班规的目的是什么。如果我们制定班规的目的是促进学生的学习和发展，那么，我们就应该允许学生使用手机，因为这是学生的权利。但是在教室里，学生必须让手机处于关机状态；在寝室里，学生通话时不能影响他人，更不能用手机来玩游戏。

另外，在这个问题的处理上，郑光启老师的做法也十分值得借鉴。当班规出现空白时，依据相关规定来处理，这也是一种不错的处理方式。

问：制定班规时，需要遵循哪些原则性的要求？

答：应该遵循民主、科学、实用和有教育意义的原则。民主和科学原则就不用解释了，实用性原则实际上是指可操作性问题。制定班规的主要目的是教育孩子，让孩子学会自我管理，因此，制定班规时，还必须遵循具有教育意义的原则。

问：执行班规时，如果学生强烈抵触，该怎么办？

答：如果学生强烈抵触，说明我们制定班规的过程还不够民主。制定班规的时候，要注意孩子们的感受。如果我们的班规只体现老师的要求，而忽视学生的感受，那么执行起来学生就会有抵触情绪。

好的班规应该立足于孩子们的迫切需要，而不仅仅是体现班主任的意见和要求。当学生出现抵触情绪时，我们应该反思一下：是不是班规制定的过程不够民主？是不是班规的内容没有体现大多数学生的意志？如果是的话，那就需要修改班规，甚至重新制定，而不是死命维护。

问：有些班主任模仿军规和乡规民约制定班规，请问您如何看待这种做法？

答：班规和军规、乡规民约还是有很大区别的。军规要求军人绝对服从，它强调的是职责，是下级对上级的命令和指示的无条件服从。它的制定是由上而下的，体现的是国家对军人的要求，从它诞生的第一天起，就不可避免地带有强制性。乡规民约则不同，它是人民群众在法律许可的前提下，本着尊重社会风俗、社会道德和历史习惯的原则，自发地、由下而上地制定的一种群体性交往规则，具有一定的约束力。班规则介于两者之间，班规的制定虽然也有民主协商，但是班主任起主导作用，班主任会有意无意地把班级管理经验和师生行为标准等传达给学生。因此，班规的制定既体现了民主精神，又注重班主任的主导作用，它结合了军规和乡规民约的优点。

问：一般来说，班规是刚性的、严肃冷静的，而爱是柔性的、亲切温暖的。有的班主任认为，依班规治班是对爱的排斥，请问您是如何处理爱和班规这两者之间的关系的？

答：教育是爱的事业，没有爱就没有教育，可以说爱是教育的灵魂。一个不爱学生的老师，无论他多么能干、多么博学，都很难教育出卓越的学生。相反，一个爱学生的老师，总会不断地探索教育学生的最佳途径。

有人说，法不留情，但我却认为一部公正的法律恰恰体现了人间的大爱，对违法行为的约束，其实就是对合法行为的呵护。同样的道理，我认为班规不是对爱的制约，一部合理的、能够被绝大多数孩子认同的班规，恰恰体现了班主任对学生的大爱。班主任可以利用班规来净化孩子的思想，使孩子端正学习动机，养成良好的习惯。所以说，班规和爱并不矛盾。如果一部班规处处体现出班主任对学生的关爱，我相信这部班规一定能够被学生广泛认可。

爱能弥补规则的不足，而规则能使爱得到有效的发挥。冷漠的惩罚会让人觉得这是打击和报复，而蕴含爱的惩罚却能够让孩子心甘情愿地接受，"自己的孩子打不走"说的就是这个道理。因此，我们必须正确地看待爱和规则之间的关系。

问：您如何看待班规和智慧之间的关系？

答：对于班规和智慧之间的关系，我是这么认为的：一部成功的班规，应该是集体智慧的结晶，我们要让学生参与班级管理。

我一般会让学生起草班规。这样做有以下几点好处：一是便于准确地掌握学生的思想动态和道德价值观念，了解学生对班级形象设计的期望，这些信息对班主任治理班级非常有用；二是便于发现哪些学生具有管理才能。一般说来，谁的班规制定得最周密，说明谁的思维最严谨，处理相关事情的时候点子最多，谁就最适合做班长。这个办法我试过多次，屡试不爽。三是能够弥补教师思维能力的不足。班主任工作做久了，容易形成思维定势，造成工作模式僵化，缺乏新意等，而由学生来制定班规，往往会带来意外的惊喜。所以说，制定班规的过程，就是一个集合学生智慧的过程。

此外,在班规的具体执行过程中,班主任也需要有一定的教育智慧,尤其是当班规不能解决现实问题的时候,班主任更是需要智慧地处理问题,灵活地治理班级。

问:班规可变通执行吗?

答:我反对变通执行。也许有些老师会认为,把班规变通一下,就能体现出以人为本的精神,这是"灵活"处理。我认为,这不是体现"人性",而是体现"任性",这种"灵活"是对规则的蔑视。如果老师可以随意地变通班规,那么班规的严肃性、权威性就值得怀疑。

制度的刚性美,就体现在它的不可变通性上。如果班主任能自觉维护班规,学生们也就会逐渐地自觉遵守班规。与其变通班规,不如修改、完善班规。

问:严格执行班规就能够确保班级管理成功吗?

答:一般来说,班规只是约束或提倡某些具体行为,至于学生的思想工作,还需要用思想教育的方法加以解决。比如说班规中明确规定不允许学生谈恋爱,但是想要学生树立正确的人生观和爱情观,还需要班主任的进一步教育和引导。我们要注意用思想教育的方法去解决班规不能够解决的问题。

尽管班规不是包治百病的良药,但是法治依然是班级管理的发展方向,对这一点,我们毋庸置疑。

(熊华生　湖北第二师范学院;郑学志　湖南邵东两市镇一中)

# 换个角度谈纪律

薛伟强

作为班会工作的"老三篇"之一,纪律问题几乎是无法回避的。尽管我们不厌其烦,但学生很可能是唢呐里吹出笛子调——想(响)的不一样。于是我尝试着换个角度来谈纪律,收到了很好的教育效果。

## 开篇:引人入胜

师:同学们,你们认为世界上哪个国家最自由?

生:(异口同声)美国。

师:你们认为美国的中小学有纪律吗?

学生们一脸茫然。

师:好,请大家讨论两分钟。

讨论之后,学生们纷纷发言。

生1:我认为没有纪律,否则就不能算是最自由的国家了。

生2:听说美国的学生可以在课堂上随意走动,应该不会有纪律吧?

生3:我觉得应该有纪律,但可能很宽松。

大家积极地讨论着,大部分学生认为美国的中小学没有纪律。

师:究竟哪种答案正确呢?请看大屏幕。

教师用实物投影仪呈现出《素质教育在美国——留美博士眼里的中美教育》一书（黄全愈著，广东教育出版社1999年版）的相关内容。

师：黄全愈先生于1988年赴美留学，1993年获迈阿密大学教育管理学博士学位，专门进行中美教育比较研究，他的答案具有一定的权威性。这本书出版之后畅销全国，引起了很大的反响。书中有这样的内容："尽管在美国的校园里，允许五花八门的观点存在，但是，学生每天必须宣誓，而且人手一册校规。""这是做也得做，不做也得做的'没商量'的'天条'。""它涉及出勤、作业、体育、服装、行为规范等学校生活的各方面，条文繁琐，规定具体。"可以看出，美国的中小学不但有纪律，而且纪律涉及学校生活的方方面面。

这一结论让学生们很吃惊。

## 中篇：大开眼界

师：接下来我们来探讨第二个问题，美国的教师会不会采取严厉的惩罚措施，比如罚站、停课，甚至开除学籍等。大家先讨论一下。

学生们讨论得十分热烈。

师：好，现在谁来说说自己的想法。

学生们争先恐后地发言。

生4：我认为他们的惩罚应该很轻。在美国，罚站属于侵权，学生如果被罚站可以告学校。

师：是的，已经报道过很多这样的事例。

生5：不可能有体罚。

生6：我觉得他们应该有严格的纪律，否则不可能培养出遵纪守法的公民。

从讨论的情况来看，大多数学生认为美国的教师不会采取严厉的惩罚措施。

师：这个问题我们先讨论到这儿。现在请大家看大屏幕，让黄先生来告诉我们答案。

大屏幕上显示出书中第218页的相关内容："罚站"，可能是一种具有世界性的惩罚手段……比起中国的学校来，美国学校里的罚站恐怕要来得容易些，量也更多些……而且站的姿势是有规定的，比如脚跟靠墙根或鼻子正对圆圈。

师：这么酷的罚站你们恐怕还没领教过吧？

接下来，大屏幕上又呈现出书中第140页的相关内容：抽烟严重危害健康。任何香烟或烟叶制品，以及打火机、火柴在学校的建筑、校车和学校的范围内任何时间都是禁止出现的！初犯被罚两个星期六学校；再犯将罚三天不能上学；第三次违犯，将罚五天不能上学；第四次违犯，将罚十天不能上学，并被建议开除。（所谓星期六学校，就是在星期六上午9点至12点来学校学习或上课。因为美国实行双休日制度，星期六来校学习是一种仅次于不能来校上课的惩罚）

师：很明显，美国的教师不仅会让学生停课，而且是正大光明的，不像咱们那样遮遮掩掩，说什么"让学生回家反省几天"之类的话。

学生们都哈哈大笑起来。

老师滚动大屏幕，上面有这样的内容：罚禁吃午点（午饭后的小餐）。（第223页）

师：美国的老师太"狠"了。

大屏幕上还有以下内容：在美国，家长打孩子是不合法的，孩子可以报警。但在美国的不少州，学校和老师体罚学生却是合法的。（第218页）

师：觉得不可思议吧？

老师还让学生看了这样的内容：任何学生不能拥有、购买、享用、转移、出售麻醉剂、酒精饮料、毒品和仿制毒品，违者将被开除出学校。（第146页）

惩罚时根本不注重说理，甚至根本不说理……既没有争辩的余地，也

没有什么耐心细致的政治思想工作。惩罚就是惩罚！就像现在国内的许多交警罚违章车辆一样。（第229页）

师：看来还是咱们中国的老师讲道理啊，可你们就是不爱听。

## 末篇：发人深省

师：（总结）真相大白之后，大家一定深感意外，在宣称最讲民主与人权的美国，中小学体罚学生竟然是合法的，甚至以不让学生吃午点作为惩罚，而且惩罚学生时根本不说理。相比中国，美国的惩罚更严厉、更无情。这似乎是一个矛盾的结论。深思一下，其实不然。俗语云："没有规矩，不成方圆。"大家想想，如果我们都不遵守交通规则而随心所欲，那么必然导致交通堵塞甚至造成车毁人亡的惨剧，绝对的自由必然带来绝对的混乱。所以，有纪律才有真正的自由，或者说纪律是自由的保证。对于大家而言，纪律是学习的保证，也是安全的保证。不要一提到纪律就只想到罚站、停课，甚至认为纪律等同于整人，纪律等同于惩罚。换个角度想想吧，纪律帮你节省了多少时间，消除了多少安全隐患。总之，遵规守纪会给你带来很多好处，你应该感激纪律、感激惩罚。最后，我给大家布置一项作业，每人写一篇周记，谈谈你对纪律的认识。

从学生周记的情况来看，很多学生对纪律有了新看法，更加理解和支持校规班纪了。换个角度谈纪律，效果真是立竿见影啊！

（作者单位　上海大学）

# 第六辑

# 教育合力

# 承诺的代价

屈太侠

当霆把一份特殊的账单交到我手中时,他显得有点激动,因为这份账单真实地记录了他实现诺言这一过程的点点滴滴。

一个月前,学校组织春游。我特意提醒大家,可以带一些零用钱,但不要超过20元。不料,霆花完了自己带来的钱之后,又开始向其他同学借。起初,没有人愿意借给他。后来,他向同学承诺,谁借给他3元,一周之后他就还30元!于是,有一位女同学把钱借给了他。可是,一周过去了,他却没有还钱的意思。

我找到霆,问他这是怎么一回事,刚开始的时候,他低头不语,后来才吞吞吐吐地告诉我,他自己根本没有钱,也不敢向父母要。"那你当初为什么要借?为什么要给人家那样的承诺呢?"我问他。"其实,当时我也没想那么多,只不过是随口说说。"他怯怯地回答道。

我隐约觉得事情有些棘手:让他还30元吧,确实有些过分;如果不让他还吧,他或许以后会犯更大的错误。我真想严厉地批评他一顿,然后让他写一份检讨。可是,这些老套的办法,我们虽然经常在用,但实际上又能起多大的作用呢?还有没有更好的办法呢?我努力寻思着。

我打电话通知霆的父亲来学校,听完我的讲述之后,他很爽快地掏出30元钱,说自己应该为此承担责任。我微笑着拨开他的手,说:"如果你认为我让你来是想让你为孩子埋单的话,那你就错了。"他一脸茫然地看着我:"那你的意思是……""你可以把钱借给他,然后共同商量偿还的办法,要让霆将钱亲自交到我手里。我们得让孩子明白,人要为自己的言行负责!""这个办法好!我们就这么办!"霆的父亲说。

放学后,我把霆叫到办公室。他看到他爸爸也在,于是非常紧张。我对他说:"你别怕,你爸爸不会骂你,更不会打你。我和他商量过了,他愿意借钱给你。"听我这么一说,他放松了很多。他爸爸掏出30元钱,说:"男子汉一定要说话算数!不然,以后谁还敢相信你呢?爸爸现在借给你30元,你把它交给屈老师。"我接过钱,对他说:"这钱是爸爸借给你的,你打算怎么还他呢?"霆沉默了一会儿,说:"我帮爸爸妈妈做家务。"我点点头,说:"做家务可以,做好事也行。总之,你要通过自己的劳动挣回30元钱。你要把每次做事的时间、地点、内容以及父母给你多少钱,都详细地记录下来,完成后把账单交到我这里。我给你一个月的时间,够吗?"霆回答道:"老师,您放心,我一定做到!"

在之后的几个星期里,我经常和霆的父母沟通,了解他在家里的表现。霆的父母告诉我,孩子一直在努力地实现自己的诺言。第26天的时候,霆将账单交到了我的手中。

魏书生老师强调,处理一件事情的办法有多种,采取的办法不同,收到的效果也就不一样。在"山穷水尽疑无路"的时候,你不妨换一种思维,换一种办法,也许就会达到"柳暗花明又一村"的佳境。当孩子犯了错误的时候,我们不要一味去埋怨和指责他,而是要引导他认识错误的根源,寻求弥补的办法。

现在的孩子大多是独生子女,很多事都由父母包办。他们衣食无忧的背后是责任意识的淡薄,而责任感的培养,必须从小抓起。我们要让孩子明白:一个人一定要言而有信,要为自己的言行负责,要为自己的承诺付出代价。

(作者单位 广东广州祈福英语实验学校)

# 心灵的触摸

薛东银

握手是社交场合一种常见的礼节。由于经常要接待学生的家长,握手已成为我的一种工作习惯。我跟很多人握过手,但那一次的握手却让我久久不能忘怀。

那是一个上午,我刚上班,班主任李老师就拉着一位学生,并且面带怒色地说:"薛主任,这样的学生我没法教,真是屡教不改!"说完转身离去,还把门摔得砰砰响,我想李老师一定是被气坏了,否则他也不会这样做。经过调查,我才得知这位学生叫张恒,学生们给他起了一个绰号——"张横"。他的纪律观念淡薄,学习不努力,而且迟到、旷课、捣乱无所不为,是一个让老师头痛的学生。而张恒的父亲是一位老实巴交的农民,他有三个子女,两个女儿和一个儿子,全家人都对张恒百依百顺。为了供子女上学,他在附近的山上干活。我决定把他的父亲请来,好好教育一下张恒。

下午两点整,张恒的父亲准时到校,我习惯性地走过去跟他握手,可是在与他握手的那一瞬间,我的心一阵紧缩,这是一双怎样的手啊!这双手因为每天握着铁锤和钢钎与巨石战斗,上面满是老茧,并且皲裂成沟。当我握着这样的一双手时,我才真正体会到什么是沧桑,什么是苦难。我把张恒也叫来了,张恒对父亲的到来似乎并不感到惊奇,只是看了父亲一眼。三人落座后，我并没有急于向张恒的父亲诉说张恒的种种"劣迹"，而是用坚定的目光看着张恒，说："今天我要交给你一项特殊的任务，请你摸摸你父亲的手。"他先是一愣，看了我一眼，随后伸出手慢慢地触摸他父亲的手。摸到手背的时候，他还没有什么表情，可是当他的手移到父亲手心的时候，他突然停了下来，脸色骤变。他缓缓地抬起头，凝视着父亲那张布满皱纹的脸，眼泪夺眶而出，滴在父亲的手上。这时张恒的父亲惊慌地抽出手来，边给孩子擦眼泪边一个劲儿地问："孩子，你怎么了？受委屈了吗？"听到这话后，张恒立即扑到父亲的怀里，紧紧地抱着父亲，此时他似乎忘记了周围人的存在，放声痛哭起来。我没有过去劝他。待张恒慢慢平静下来之后，我深切地对张恒说："今天我看到了一个真实的你，你的泪水让我了解了你真实的内心世界，也让我看到了希望，我不想说太多，但我相信你一定知道今后该怎么做了。"张恒抬起头，注视着父亲，突然跪了下去。我们赶紧把他扶起来。站起来之后，他又转向我深深地鞠了一躬，坚定地说："老师，我错了，你看我以后的行动吧！"

后来张恒在他的一篇题为"父亲"的作文中这样写道："父亲的这双手曾给我洗过尿布，曾把我高高举起，曾牵着我上幼儿园和小学。在寒冷的时候，这双手把我揽入他温暖的怀抱；在我饥饿的时候，这双手为我端茶送饭；在我哭泣的时候，这双手为我擦干泪水……日复一日、年复一年的辛苦劳作，让这双手布满老茧，皲裂成沟。今后，我一定会努力学习，争取早日成才，我要将奖状和成功的奖牌交到这双手中，我要用实际行动来回报父亲……"

这是一次心灵的触摸，更是一场灵魂的洗礼，它不仅带来了张恒忏悔的泪花，也给这个家庭带来了希望。

（作者单位　山东巨野县第二中学）

# 爱的心结

王 晖

一个星期五的下午，我正在讲评作文，忽然教室的门被推开了，只见田兵气喘吁吁地站在门口，脸上汗涔涔的，裤腿上沾满了泥巴。为了不影响上课，我让田兵先回到座位上去。讲评完作文之后，我要学生们围绕"感恩父母"这一话题写一篇作文，并提出了写作要求。学生们纷纷埋头奋笔疾书。这时我发现田兵没有动笔，而是趴在桌上摆弄着铅笔。上课迟到，还做小动作，真不像话！于是我让田兵站起来，我正想发火时，却看到了他那沾满泥巴的裤腿和委屈的眼神，因此我忍住了，心想也许事出有因吧，便把田兵叫到了办公室。

原来，他的父母都外出打工了，现在他和奶奶一起生活，今天他是因为在家帮奶奶浇地才迟到的。可是为什么不写作文呢？他的回答令我既吃惊又疑惑："我不想写这个题目，我恨他们！"他居然恨自己的父母？后来我了解到，田兵的父母常年在外打工，一年难得回来一次，时间一长，田兵就有一种被抛弃的感觉，与父母愈来愈疏远，甚至对父母产生了怨恨。如何解开田兵的心结呢？我陷入了深思。

第二天，我去了田兵的奶奶家，了解到了更多的信息。原来，前几年田兵的父亲因为做生意亏了本，欠下了许多债，加上奶奶常年有病，哥哥又在上大学，所以他们家的经济状况非常糟糕。因此，两年来田兵的父母一直在外打工。但田兵并不能体会父母的艰辛，还经常抱怨父母把他一个人丢在家，有时，他甚至连父母的电话都不接。原来这是一个"留守孩子"！因为缺少父母的呵护，他觉得孤独无助，叛逆心理很强。对于这样一个特别的学生，我决定要用特殊的教育方式来教育他。

我交给了田兵一项任务：在一张纸的左边写上不想让父母外出打工的理由，右边写上父母必须外出打工的理由，每天至少写一条。过了几天，我看到田兵在纸的左边写了很多不想让父母外出打工的理由，如，"生病的时候，爸妈不在身边，我很难过"，"晚上下雨打雷时，我一个人很害怕"等，而纸的右边则只有"挣钱"两个字。我对田兵说："父母为什么要挣钱？挣钱做什么呢？你先思考一下再写。"

几天过去了，我发现田兵在纸的右边又写了很多理由，如，"还债"，"给奶奶治病"，"供哥哥上学"，"盖房子"，"使一家人生活得更好"，等等。我知道，田兵渐渐理解了父母的做法，能设身处地替父母着想了。一个星期之后，田兵找到我，说："父母打工吃了那么多苦，受了那么多罪，每天省吃俭用，都是为了这个家。他们付出了那么多，可我不但不理解，反而抱怨，真是太不懂事了。从今以后我一定要好好学习，用优异的成绩来回报父母。"然后，他把补写的作文递给我，作文题目为"爸爸妈妈，辛苦了"。

在那堂课上，幸亏我没有对田兵发火。

（作者单位　山东鄄城双庙中学）

# 点 灯

詹明建

一天的早读课上,我认真地清点了头一天的作业本,一共61本,这真让我意外!班上有61个人,但"作业困难户"龙炎以前几乎是不交作业的。这次在没有"威逼利诱"的情况下,她居然主动地将作业本交上来了,真奇怪。我赶紧找到龙炎的作业本,希望可以从中窥出她"洗心革面"的苗头,然而,尽管她将作业本交上来了,她的作业完成情况却不如我想象中的好。我布置的数学作业是"请画出从你家到你最想去的那个地方的线路图,并作简要的说明"。龙炎的作业本上那乱糟糟、黑糊糊的线路图,像一团蚯蚓似的直往我脑海里钻,我真想让她重写一遍,但想到这是她开学以来第一次主动交作业,我就硬着头皮往下看,当看到她的"创作说明"时,我的心微微一颤,怒气全消。"爸爸妈妈在那里挣钱,我想去那里。"这样的"创作说明"对这次作业本身而言,无疑是不符合要求的,但它反映了孩子对父母的思念之情。因此,我决定将下一堂数学课改成班会课。

当我踩着铃声走进教室时,我发现龙炎正用渴盼的眼光看着我。我先让同学们欣赏龙炎的线路图,顿时,教室里嘲笑声四起。我并没有责备他们,只是用平缓的语调读了龙炎的"创作说明",刚开始还有学生叽叽喳喳,但不一会儿,教室里就鸦雀无声了,许多学生都陷入了深思。"同学们,我们先请龙炎说说她爸爸妈妈现在的地址,然后帮她绘一幅线路图,好吗？"我打破了寂静，想由此引出班会的主题。"好！"学生们异口同声。于是学生们根据龙炎给出的地址，并结合中国地图很快绘出了一幅幅线路图。

我把这些大同小异但很清晰的线路图交给龙炎，并开了一个玩笑："龙炎，你以后在梦中寻找爸爸妈妈时，就不会迷路了。"龙炎笑了。不一会儿，我发现班上的气氛有些异常，有几个女生在悄悄地啜泣。是呀，班上何止一个龙炎呢？这里有很多留守儿童，他们就像一棵棵久旱盼甘露的小苗，渴望得到父母的关爱。在缺少父母关爱的环境中成长，学生的心理十分容易产生问题，情绪也很容易颓废。该如何燃起学生心中的希望之火呢？我觉得有必要深化一下这次班会的主题。

接下来，我号召班上的留守儿童每人绘制一幅从家里到父母打工所在地的线路图。在他们完成这幅"思恋图"后，我让他们复制一份自己保存，然后将原件邮寄给父母。我还在学生和家长之间搭建了"爱心桥"，让学生每周给父母写信，汇报自己的学习和生活情况，以沟通感情。另外，我还开通了班级信箱，让学生写信给老师或同学，让师生之间、生生之间的关系融洽起来，让整个班集体成为了一个团结友爱的大家庭。

那次班会课以后，我发现学生们的精神面貌有所改观，学习也变得积极主动了。当我反思这一切时，我真的很感谢龙炎那句不得体的"创作说明"，正是这一"创作说明"让我决定召开那次别出心裁的班会课，才有了后面学生的变化。他们就像一群迷途的小羔羊，需要人耐心地指引。尽管我不能变作一盏明灯，把学生引向温暖的港湾，但是我却点燃了一盏盏心灯，让那些幼小的心间驻进了温暖的火焰。

（作者单位　安徽安庆宜秀区罗岭中心学校）

# 如此家访，不亦乐乎

陈小红

家访，能让老师目睹孩子的生活和学习环境；家访，能让老师和家长面对面地交流与沟通；家访，能让孩子和家长感受到老师的真诚。每一位班主任都知道家访的重要性，也都尝过家访的甜头。但是，家访往往需要班主任牺牲很多休息时间或与家人团聚的时间。因此，很多班主任家访往往流于形式。

如何让自己感受到家访的乐趣，变"要我家访"为"我要家访"呢？本学期，我改变了家访的策略，结果发现，家访其实充满了乐趣。

### 1. 带上女儿去家访

女儿已经六岁了，正是天真烂漫之时，也是渴求朋友之时。身为教师的我，平时很少陪孩子，因此常常觉得十分内疚。为了兼顾家访和陪孩子，我决定带上孩子去家访。

女儿天生胆小内向，我经常带着她走东家，串西家，要求她跟人家打招呼，久而久之，女儿的胆子变大了，看到陌生人时不再那么拘谨。

三年级的孩子大多为九岁，跟女儿的年龄相差不是太大。当我和家长交流的时候，女儿和学生也聊得很起劲，他们一起玩游戏、画画、讲故事……忙得不亦乐乎！

我认为，带着女儿去家访是一种比较好的策略，这样我既可以陪孩子，还可以收到较好的家访效果,兼顾了"妈妈"和"教师"二职。

### 2. 带上学生去家访

学生毛涵的父母开了一个木材加工厂,我决定下周六去他家家访,他的家长知道后高兴得不得了。我还在班里宣布,本周被评为班级"进步之星"或"优秀之星"的孩子,将有机会跟我去毛涵家参观木材加工厂。话音刚落,孩子们欢呼雀跃,在接下来的五天里,孩子们的表现都相当好,一个个力争获取"奖品"。连毛涵这个"皮大王"的表现也出奇地好,就连生活老师也表扬他了!我还给毛涵布置了一项特殊的任务:在家访的当天,充当临时导游。

家访那天,四个孩子穿得漂漂亮亮,自豪而又兴奋地跟着我出发了,一路上,欢声笑语不断。"我的心情从来没有像今天这样好过!"毛涵大声地叫喊着。我的家访队伍也从来没有像今天这样壮大过。

来到毛涵家里,我便向他的家长介绍和我一起来家访的孩子们,因为他们都是优秀学生,家长不停地夸赞他们,孩子们一个个喜上眉梢。

那天,小主人毛涵的表现也非常好,他一会儿当导游,带我们参观工厂,向我们介绍各种机器的作用;一会儿又当保姆,为大家洗水果,送糖果。就连一向严肃的毛爸爸也夸儿子懂事了。

通过这次家访,孩子们知道了一块光滑的课桌木板需要经过很多道工序才能完成。"以后我们要好好地爱护我们的课桌。"孩子们深有感触地说。看来,孩子们的收获还是挺大的。

### 3. 带上"小老师"去家访

我们班成立了学习互助小组,平时,每个"小老师"都无私地帮助同学们,不计回报,为了让"小老师"保持热情,我决定家访时带上相应的"小老师"。

赵王龙是一名学困生,无论做什么都比别人慢一拍,平时不是语文组长追着他背书,就是数学组长陪着他做作业。在学习互助小组里,他"物色"了一名"小老师"——徐迅。有了徐迅的帮助,他做作业的速度提高了,取得了较大的进步。这次去他家家访,我热情地邀请"小老师"徐迅一块儿前往。

我当着赵王龙及其家长的面，表扬"小老师"尽职尽责，家长也一个劲儿地夸奖和感谢她。"小老师"徐迅笑了，笑得那么甜。从那以后，她教得更用心了，赵王龙也取得了更大的进步。

另外，我还列举了赵王龙一系列比较好的表现，家长听了之后非常高兴，还说要带这对师徒去吃肯德基作为奖励！得到了家人及老师的肯定，赵王龙的脸上也洋溢着我从未见过的灿烂笑容。

我还把这一家访事例如实地搬到了课堂上，于是班上的"小老师"和学生都暗暗约定好，要一起努力，争取取得更大的进步。

**4. 带上老师去家访**

"老师您好！今天我女儿无论如何都不肯去上学，要不你帮我劝劝她？"开学第一周的某个早上，刘宣含的爸爸就打电话到我的办公室。经过一番交流，我才了解到刘宣含不肯来上学的原因是她不喜欢新换的男数学老师，觉得他没有以前的女数学老师温柔。"数学老师实在是太凶了，你让我先休息一天，明天再去上学好吗？"听着孩子带着哭腔的声音，我同意了，我让她先好好休息，晚上我去看她。

下班后，我带上数学老师一起往刘宣含的家走去。通过那天的交流和沟通，刘宣含不但不怕数学老师了，反而慢慢喜欢上了数学老师。这次家访拉近了学生与老师之间的心灵距离。刘宣含慢慢喜欢上了数学，后来，她和数学老师还成了好朋友，数学成绩也有了显著提高。这次家访达到了预期目标，取得了良好的效果。

更有意思的是，数学老师还请求我以后去家访时一定要告诉他，他还要跟着我一起去。

事实上，只要我们运用了适当的策略，家访不仅可以充满乐趣，还可以收到很好的效果。如此家访，不亦乐乎？

（作者单位　浙江江山实验小学）

# 召开班务会，实现班级有效管理

彭　涛

在班级管理中，班主任如果扮演一意孤行的"领导"、辛苦劳累的"保姆"、不负责任的"牧童"，都注定要失败。班主任只有依靠集体的力量，才能实现班级的有效管理。召开班务会便是班级管理的一种有效途径。

## 一、班务会的概念

班务会，顾名思义，就是指与班级事务有关的会议。这里的班务会，不同于班会、班委会、家长会等，它是由班主任组织，要求各任课教师和主要学生干部参与的定期或不定期的商讨班级事务的一种会议形式。这一概念，明确了会议的参与人员（班主任、任课教师和主要学生干部）和会议的周期（定期或不定期）。

## 二、班务会的作用

召开班务会最重要的作用是变班级线型管理为网状管理。当前学校的班级管理正如南京市教科所所长刘永和所讲，大多是沿着"主管德育领导—学生处（德育处）—班主任—学生"这样一条线进行的。学生是处于最底层的被管理者，班主任是班级管理的直接负责人，而应作为班级管理的重要力量的任课教师则基本上不参与班级管理。针对这种情况，许多教育专家及教育主管部门提出了"全员育人"的口号。班务会的出现正是为了践行这一口号，让班主任、任课教师以及学生干部都参与到班级管理中，从而变班级线型管理为网状管理。

## 三、班务会的操作

### 1. 班务会的操作规程

班务会以两周定期召开一次为宜。间隔过短，如一周一次，有的教师可能会感到疲惫，使得班务会的召开流于形式，而不能解决实际问题。间隔过长，积累的问题相应就多，不利于问题的及时处理，尤其是使得一些需要集体商讨的重大问题得不到妥善解决。

平时，班务会成员之间要加强交流与沟通，每个与会人员都应该全面地掌握班级的基本情况。

会议时间应视各学校的具体情况而定。比如，我所在的学校周一和周五下午都只上两节课，那就可以在其中一天的下午第二节课后召开班务会，时间为30分钟左右。如果学校能够指定班务会时间，那就最好不过了。

班主任应当承担起班务会主持人（召集人）的角色，各任课教师、学生干部（如班长、团队学生干部等）为主要参与者，应扮演好协作者的角色。

### 2. 班务会的主要内容

班务会是讨论班级事务的一种会议，一般来讲，班务会应涉及以下几方面：

第一，班级的新动向。班主任与学生接触的时间并不一定很多。以我校为例，学生白天要上6—8节课，晚上还要上晚自习，他们的大部分时间是和任课教师一起度过的。因此，班主任应该多从任课教师和学生干部处获得信息。任课教师和学生干部要注意观察班级里的新动向（如班风、学风等），并将相关情况及时汇报给班主任，帮助班主任打造一个健康、和谐的班集体。

第二，重点学生的新变化。除了从总体上把握班级的情况以外，班务会成员还应当关注部分重点学生的发展。所谓重点学生，是指对构建良好班集体具有重要影响的学生，既包括先进生，也包括后进生。后进生的转化是班务会应当重点讨论的问题。每次班务会可以着重讨论一名后进生的转化问题，这对塑造良好的班集体非常有用。

第三，班级管理的新方法。班级是一个由个性相异、不断成长的学生组成的动态的集体。班主任应尝试着采用新方法来进行班级管理。召开班务会时，应当着重讨论班级管理有哪些新思路和新方法。这样的讨论可以提高管理班级的效率。

第四，课余活动的组织。学校每个学期都会组织一些集体活动，班级也会组织一些集体活动，这些活动有的需要任课教师的积极参与和指导。我们可以将有关集体活动的事项拿到班务会上讨论，集思广益，争取圆满地完成集体活动。

当然，班务会上要讨论的问题很多，在短短的三十分钟内是不可能解决所有问题的，但是，只要我们认真地对待，就一定能提高班级管理的效率。

### 3. 班务会的保障机制

第一，学校有效的政策支持。在有些学校，班务会并没有得到学校的支持和肯定，这不利于班级管理工作有效、持续、稳定地进行。因此，管理者要充分认识到班务会的积极作用，要在政策层面上给予有力的支持，比如，确定班务会的召开时间，制定相关考核条例，甚至可以提供一些资金支持等。

第二，班主任的有效组织和任课教师及学生干部的积极参与。班务会的效果取决于与会人员的态度。如果与会人员积极思考，踊跃发言，班务会就会取得好的效果；如果与会人员心不在焉，敷衍了事，班务会就会流于形式。任课教师在平时的教学中，要用心地去了解每个学生，认真观察班级的新动向；而学生干部则要充分发挥主观能动性，做班主任及任课教师的小帮手，主动参与班级管理。

（作者单位　江苏南京江宁职业技术教育中心）

# 巧妙拒绝家长的不合理要求

张建权　陈　云

班主任在工作中往往会遇到家长提些不合理的要求，对此，班主任怎样才能做到既婉言回绝，又不让家长难堪呢？

## 一、凸现目标，寻求共同点

有些家长之所以会提出不合理要求，是因为他们不了解老师的真正想法。对此，班主任应寻求家长与教师共同的教育目标。一位家长找到班主任李老师，说孩子的学习成绩本来就差，担心他参加兴趣活动小组之后学习会更糟，于是请老师别让孩子参加。李老师是这样解释的："我也有过这样的担心，这孩子的学习基础不是很好，我也怕他因参加兴趣小组而耽误学习。但转念一想，如果其他人都参加了，不让他参加，他心里一定不好受。再说，开展兴趣活动也可以开发孩子的智力。于是我就抱着试试看的态度让他参加了。结果，他不仅变活泼了，学习也认真了，您看看他近期的作业，进步很大。"听班主任这么一说，又看了看孩子的作业，家长高兴地回去了。在这里，班主任首先表达了对该学生参加兴趣小组的担心，表现了对孩子的关心，然后阐述了让孩子参加的理由和孩子的变化，引起了家长的共鸣，让家长认识到，老师和家长的出发点其实是一样的，老师甚至比家长想得还周到，因而收到了理想的效果。

## 二、引入情境，现场疏导

一般而言，家长在大庭广众之下是不会对班主任提出不合理要求的。因此，一旦有家长提出不合理要求，班主任就可以把他们引入相关情境，进行现场疏导，借助事实来说服家长。有一位家长找到班主任，谎称孩子的视力差，要求老师给他重新安排座位。班主任马上把他带到教室里，一一介绍坐在该生前面的学生，并告诉家长，座次安排是以学生的身高和视力为依据的，孩子如果视力正常，个儿又高，坐在前面不仅会影响他人，自己也会觉得别扭。班主任说得在情在理，况且又当着那么多学生的面，因此，家长再也没有提出异议。能达到这样的效果，除了班主任老师的公正外，一个重要原因就是班主任有效发挥了情境的作用。

## 三、主动出击，婉言拒绝

极个别家长可能会凭借自己的地位和权力，向班主任提出给孩子"特殊关照"的要求。由于他们地位的特殊性，一旦他们提出要求，班主任可能就会处于被动状态。家长也知道自己所提的要求不合理，因而一般不会直接表露。因此，班主任在这时可以主动出击，拦住话题，婉言拒绝。请看下面的一段对话：

家长：张老师，这学期快结束了，我来了解一下孩子的学习情况，她各方面都还不错吧？

老师：肖科长好！您的孩子本学期在各方面都有明显的进步。

家长：离"三好学生"还有差距吧？

老师：我看啊，如果她在学习上再加把劲，对班级的事更关心一些，下学期同学们一定会选她。这不，这学期就差那么几票，我真为她感到可惜。别着急，下学期再来。

家长：好！谢谢您啦。

班主任张老师在得知家长希望孩子受到"特殊照顾"时，便主动出击，婉言拒绝了家长的不合理要求，张老师的这一做法值得我们借鉴。

## 四、真诚对待，打消顾虑

有时，家长之所以会提一些不合理要求，完全是出于对孩子的溺爱。对此，班主任要予以理解，并让家长明白老师会处处以学生为重，让家长打消顾虑。有一次，班上决定组织夏令营活动，一位家长找到班主任，说孩子由于身体不好要请假。班主任明白家长的意思，忙说："身体不好可以请假，不过，错过这么好的机会真是可惜！昨天我还特意找他谈过，问：'你这么小，吃得消吗？'可他调皮地说：'我的个子虽小，但保证吃得消。'但我还是不放心，正准备招呼两个大个儿同学在路上照顾他呢！我还让他行走时一定要跟在我后面。不谈这些了，还是让他在家好好休息吧。"说来奇怪，班主任的话音刚落，家长竟改口道："张老师，你想得真周到，把孩子交给你我很放心。其实他也没啥大病，就让他去吧。"家长为什么会改变主意呢？主要原因就在于班主任的一席话让家长打消了顾虑。有这样的老师细心地照顾孩子，家长还有什么不放心的呢？

## 五、让家长有台阶可下

有时，家长提出不合理的要求是由于一时冲动，因此，班主任应耐心地解释，还要让家长有台阶可下。一学期快结束时学校要求班主任补收代办费，一位家长怒气冲冲地找到班主任，说学校乱收费，坚决不缴。班主任没有与家长针锋相对，她把班级的账目本拿给家长看。慢慢地，家长的情绪稳定了。班主任见他满脸通红，便说："其实，也不能怪家长有想法，今年补交的数额较大,您不了解情况,加之现在社会上乱收费的现象很多。不过,我们学校的收费肯定是合理的。这样吧,如果您手头比较紧张,这钱我先给您垫上。"班主任说着就要掏钱。这时,家长忙说:"您先帮我垫上吧,明天我就让孩子带给您。"说完,他不好意思地走了。家长为什么转变了态度?主要原因就在于班主任善于沟通,让家长有台阶可下。

当家长提出不合理要求时,班主任应巧妙应对,用真诚和智慧来打动家长,并婉言回绝家长。

(作者单位　江苏泰兴新市中心小学)

# 第七辑

## 师生和生生关系

# 相视一笑

刘承宁

　　十三四岁的男生正血气方刚，鸡毛蒜皮的小事都足以成为他们展示"男子汉风采"的机会。在他们看来，用拳头说话比用嘴巴说话更有分量，更显男子汉气魄，而随后的麻烦，他们就顾不得了。

　　这天下课没多久，我刚回到办公室，几名学生就慌慌张张地来报告："王茗和于阁又打起来了。""这对冤家。"我叹了一口气，赶紧去教室。在路上学生告诉了我事情的经过，原来王茗碰掉了于阁放在桌角的书，于阁让他捡起来，语气很不客气，王茗不服气，两个人没说几句就打起来了。等我到教室，学生们已经拉开了他俩。还好，除了瘦小的王茗脸上留了一"五指山"，他俩别无大碍。我的心情稍微安定下来了。"这可不是一个级别的比赛呀。"我调侃着，试图缓和他们的紧张情绪。谁知听我这么一说，王茗更委屈了，又高又胖的于阁则狠狠地抹了把眼泪。"你们俩怎么回事？整天为这些鸡毛蒜皮的小事打架，值吗？"两个孩子都听不进去，高昂着头，没有丝毫悔改之意。"走吧，到我办公室冷静冷静再说。"

　　一路上我都在思考着应该怎么处理这件事。看见两个孩子眼里的怒火仿佛要把对方焚烧，我顿时有了主意，应该先熄灭怒火。来到办公室，我说："拳头不能动了，你们就用眼睛斗个输赢吧。"这正迎合了他俩的心思，两人怒目而视。我在一旁静静观察，一分钟，两分钟，五分钟，"扑哧"一声，王茗先笑出声来，于阁的脸也由白转红。我笑着说："可笑吧，在别人眼里，你们打架也很可笑。"两个孩子的脸色渐渐平静了许多，尴尬代替了愤怒。我严肃地说："现在想想，你们有必要如此计较吗？这场架能避免吗？"王茗点点头，说："如果我把书捡起来就没事了，可是我的嘴贫惯了，说了几句不该说的话。"于阁说："他说的话太气人了，碰掉了我的书，非但不捡起来，还损人。我原本不想动手，怕大家说我以大欺小。但他笑话我，太伤我自尊了，我气不过就先动了手，对不起！"我及时表扬道："好，明理，有雅量！毕竟是'大肚'啊，但愿今后你能多容一些难容之事。"王茗也跟着说："是我先惹的祸，我愿承担责任，对不起。"

矛盾似乎化解了，但我知道这两个孩子还是看彼此不顺眼，这样下去，难保明天不会再来一架。考虑之后，我说："你们动手已经不是一次两次了，想过原因吗？你们有什么深仇大恨吗？"他们摇摇头。"是的，每次都是为了一些鸡毛蒜皮的小事，难道男子汉大丈夫的价值就体现在这些小事上吗？你们这样做，同学们会怎么看你们？"听了这些话之后，两个孩子严肃了许多。"实际上你们都很明理，可是为什么不把好的一面展示给大家呢？想过没有，是性格决定了你们的行为！"他们点了点头。"性格没有绝对的优劣之分，只是有人和自己合拍，有的不合，这时包容、忍让是最好的处理方法。用拳头解决问题，反而会让人觉得幼稚、轻率。将来你们一定会和形形色色的人打交道，人际关系如何处理是一门学问。老师真心希望你们努力掌握这门学问。"两个孩子的眼神中有了些许感动。"既然事情已经发生了，你们就必须承担责任，你们的行为已经产生了不好的影响，所以，你们必须给大家一个交代。""好，我向大家道歉。"两个孩子异口同声。"那好吧，到教室里去，把你们好的一面展示给大家，就把你们刚才在办公室达成和解的一幕重演。"

两个孩子不好意思地来到教室里。在我的要求下，他们再现了刚才那一幕。同学们都被逗笑了，我也笑着说："大家愿意看到他们更友好的表现吗？""愿意！""那就来一个拥抱吧！"在笑声和掌声中，他们没有辜负大家。

（作者单位　江苏徐州第三十三中学）

# 传女不传男

钟 杰

翟芮冰找过我好几次了，要求我给她换座位，但我一直推诿。不是我不愿意，而是我很想看看翟芮冰这姑娘的容忍度究竟有多大，她的处事能力到底如何。

她的同桌是卢扬。卢扬虽然长得很绅士，行为却很淘气。他很活泼，喜欢招惹别人，几乎每次都把别人弄得火冒三丈。翟芮冰坐在他旁边，就成了他经常欺负的对象。你说他是故意欺负别人吧，好像不是那么一回事，但你要说他心里没有一点故意成分，那也错了。总之，他经常起哄搞恶作剧，弄得男生群起而攻之，女生群起而厌之。你要说这孩子的家庭教育不好吧，还真冤枉了他的父母。他的父母都是高级知识分子，很重视孩子的教育，从不溺爱他。

今天早晨，卢扬不知从哪里弄到了一只打屁虫，把它装在瓶子里，然后拿着瓶子不断地在翟芮冰面前晃。翟芮冰哪里见过这些东西啊，吓得赶紧向我跑来，说卢扬用虫子吓她，再次要我帮她换座位。我安抚她说，马上就要考试了，下午再给她换。翟芮冰善解人意，不再说什么，回座位拿笔去了。刚走到座位旁，又吓得跑了上来，说卢扬还在用虫子吓她。我从小生长在农村，看惯了虫子，哪里会怕它。我说："别怕，那些虫子伤不到你。再说了，卢扬是故意逗你生气的，像他这个年龄的男孩啊，就喜欢逗女孩生气。你就高傲一点，学学猪八戒，把耳朵卷起来，不听，把眼睛闭上，不看。"我一边说，一边笑着示范。我滑稽的动作把一旁的郭虹宇和龚思凝都逗笑了。可是，翟芮冰却扑在郭虹宇的肩膀上委屈地哭了起来，然后冲出了教室，郭虹宇、龚思凝连忙也跟了出去。

看到翟芮冰跑出了教室，我才发觉，我的这番话说得不是很妥当。翟芮冰的生活背景毕竟跟我的不一样，女孩子怕虫子，这很正常。她一再被卢扬欺负，又不知如何应对，心里正委屈得要命，而我不但没及时安慰她，反而在这个时候开玩笑。

而卢扬却像什么事也没发生一样，正与任志勤用透明胶把打屁虫粘在纸板上，玩得不亦乐乎。

如果我们生卢扬的气，那真的太不划算了。

男孩子嘛，玩玩虫子，再正常不过了，逗逗女孩子，也属正常。等到过了这个年龄，你叫他做这些，他还不干呢。只是，我该怎样劝导那些女孩？该怎样抚慰翟芮冰那颗受伤的心呢？

我先安抚翟芮冰，稳住她的情绪，让她正常参加考试。然后，利用午休时间，我与女生们进行了一次座谈。

首先，我告诉女孩子们，进入青春期后，男孩和女孩的心理发育不再同步，男生的心理发育一般比女生滞后。因此，在这个时候他们就特别喜欢惹女生生气，以此来寻开心。

其次，男孩本来就比女孩好动，想要他们成为乖乖男，那可是难上加难，既然他们天性如此，何不顺乎天性呢？

再次，女孩子应该矜持一点。那些不够矜持的女孩，往往更容易遭到男生的捉弄。而稳重大气的女孩，则更容易赢得调皮的男生的尊重。

另外，女生也别太在意男生的捉弄。当你不在乎的时候，他还能拿你怎么样呢？偶尔也要学会左耳进，右耳出，睁一只眼，闭一只眼。

说完上述几条，我又神秘地说："我们女生岂能让男生欺负？我今天把秘诀都传授给你们了，你们可要记住并好好运用，我可是传女不传男的。"

女孩子们个个笑靥如花，纷纷点头称是。我呢，心里暗自得意，我可要把这些女孩子们紧紧地团结在我的周围，等男生心里不再排斥女生的时候，我还需要她们出面帮我做工作呢。

至于那些调皮的男生们，我准备用我班班规来对付他们。任何人违反班规，我可是要惩罚他的。虽然现在我们班还没出台具体的惩罚条例，但我们可以先挂上账。

(作者单位　海南海口景山学校海甸分校)

# 学生们的阳光"暗计"

张　森

到初三（2）班上课时，我发现不少学生冲着我神秘地笑。真是奇怪了，难道我身上有什么不对劲的地方？我赶紧整理了一下着装，一本正经地清了清嗓子，可学生还是在笑。我丈二和尚摸不着头脑，连忙问："你们笑什么？"这时王月姣站起来，笑着说："老师，请看黑板的上方。"我连忙回头看，原来在黑板的最上端不知谁工工整整地写了一排字："欢迎历史老师，我们喜欢你的课！"

原来如此！看着黑板上的字，我心中像盛开了一朵花，不知该说什么好。虽然以前学生也非常喜欢我的课，但像今天这样"黑板白字"地写出来、公开"喜欢"还是头一次。学生的"表白"使我激动不已，教学的灵感接踵而至，一些崭新的知识点也随之泉涌而出。眼前的学生一个个都变得神采奕奕，就连平常最令我头痛的学生也变得可爱起来了。从学生满足的神态和表情中可以判断出，这节课我发挥得淋漓尽致。

下课回办公室的途中，我感觉自己像在飞一样，惹得学生在后面偷笑。禁不住内心的喜悦，我得意地向老师们炫耀：二班的学生表现真好，给二班上课简直是一种享受！谁知老师们也纷纷附和我的观点，就连平时对二班印象不太好的老师这次谈起二班时也眉飞色舞起来。看着老师们得意的表情，我反而有些嫉妒的感觉：学生是真心喜欢我上课，你们跟着瞎掺和什么？

之后每次上课，一看到黑板上的字和学生们的笑脸，我就感到有一股无形的力量在牵引着我，使我不得不以饱满的激情面对一个个可爱的学生。

直到有一天，我发现了"新大陆"——

那天，英语老师因有事请假，于是我高兴地去初三（2）班上课。当我走进教室时，我就听见有学生说："坏了，坏了！怎么是历史老师来了？"我感到有些奇怪，回头看看黑板，发现"欢迎历史老师"不知什么时候变成了"欢迎英语老师"。看着学生不知所措的尴尬神态，我笑得也有些尴尬、有些勉强。

之后，经过一番细心观察，我终于明白了，原来我们所有的任课教师都中了学生的阳光"暗计"，黑板上的十三个字中有十一个字是固定的，值日生在擦黑板的同时，都要把下一节课的学科名顺便改上。这样，每一个任课教师上课时都会看到这句话，都会觉得学生真心喜欢他的课，从而精神饱满地上课。学了好几年心理学的老师们，竟被学生们"骗"到了，而且被"骗"得舒舒服服。

我没有对任何一个老师说出我的发现，就让老师们一直"受骗"吧。因为这样的"骗局"会给老师和学生都带来快乐！

（作者单位　山东潍坊清池中学）

# 我和学生有个约定

高智华

这学期,学校准备开展"争创三星级书香班级"活动,这可是一件大好事,可以开阔学生的视野,拓宽学生的知识面。可看了评价标准后,我一筹莫展。为什么?要求太严了。不仅要求学生正确、流利、有感情地朗读课本和与课本配套的课外阅读文选,而且要求学生一学期要背会 30 首古诗,阅读不少于六十万字的课外读物。我们这个班的学生活泼好动在全校可是出了名的,有相当一部分学生连课外阅读文选都读不全,还怎么去进军"三星级"呢?

"要我们一学期读这么多书,你们老师又读了多少呢?"正当我思考对策的时候,安丽的一句话传进了我的耳朵里。一些学生也来劲儿了,不停地随声附和。

"如果老师能做到呢?"我故意问。"那我们也能做到!"大家异口同声。"不行,老师阅读得快,阅读量是我们的两倍才公平。"安丽补上一句。"好,就照你说的办。"我爽快地答应了。"你必须安排时间和我们一起看。"安丽仍不罢休。"老师,反正我们中午在家也没事,我们可以约定好,下午都提前四十分钟到校,然后利用这段时间一起看书。"副班长朱丽平出来为我解围。这是一个好主意,虽然我担心有时我可能会因为家庭琐事或者应酬而迟到或缺席,但还是硬着头皮答应了。

往后的日子里,我和学生都履行这个共同的约定。中午,我早早走进教室,和学生一起研读美文。

一天,两天,三天……一个月下来,他们真的成了书的"俘虏",有时教室里甚至可以用"针掉在地上都可以听见"来形容。虽然,我有时会因为外出听课、学习而未能准时出席,但他们都能理解我,仍然静悄悄地坐着看书。

两个月下来,我惊喜地发现,他们不仅看了大量的课外书,而且还学我摘录了许多优美的词句。而我呢,在短短的一个月时间内将原先一学期也没看完的两本书——张庆老师的《我的教学观》和于永正老师的《教学随笔》,从头至尾、一字不落地看了两遍,感觉自己比以前充实了许多。

回头想一想,真的要感谢我和学生的这个约定。

(作者单位　江苏大丰万盈第二中心小学)

# "弱将"手下有"强兵"

任 芳

我没想到我竟然会成为高中班主任。说实话,由于自身"海拔"不高,一开始我对高中生有一种畏惧心理。站在那些挺拔得像树一样的大个子中间,我会有一种迷失在丛林里的感觉。我更怕他们的眼神,那里面有太多的挑剔。

或许是这种畏惧心理在作怪,在与他们相处时,我一改往日的威严与强悍,脸上的线条柔和了许多,说话的声音也舒缓了许多。我虚心听取他们的意见和建议,心平气和地给他们讲道理,我们就像朋友一样沟通和交流。结果,我从他们眼中看到了尊敬与信任。我突然觉得,在这群大孩子面前不失时机地"示弱",也不失为一种有效的带班策略。

一次,冬季越野赛的通知一发下来,我就向学生诉苦:"我是一个体育盲,从小连皮筋都没跳过,上学时也从未参加过运动会,如今更是与体育无缘。这是我们班第一次参加集体比赛,我们总不能弃权吧?你们看怎么办?"没想到,学生们的热情和信心反而被我的这一席话给点燃了,很多人拍着胸脯打包票:"有我们呢,怕啥?"

比赛那天,我站在起点处对学生们说:"安全第一,比赛第二,我等你们回来!"发令枪声响起后,学生们都奋勇争先。我和几个女生提着水壶,抱着一堆衣服,等着每一位健将凯旋。那次,我这个体育盲代表班级领到了越野赛团体总分第一名的奖状,这是我们以班集体的名义争得的第一份光荣。

还有一次,当得知学校要举办纪念"一二·九"运动大合唱活动时,我又犯了难。那天班会课上,我又使出了老一套,再次向学生"示弱"。"怎么办?"我说,"你们的班主任五音不全,指挥又找不着调,谁要是能组织好这次活动,我就请他吃巧克力,我说话算数。"第二天,班上一个娇小的女生就主动请缨,说从指挥到排练全由她负责,我只要配合她就行了。比赛那天,我给学生化好妆,鼓励他们拿出最好的精神状态来演唱。临上阵前,我还是那句话:"就看你们的了,我等你们的好消息!"最终,我们班凭借着高昂的士气获得了三等奖。那天晚上,我买了一大盒巧克力犒劳学生,我这样做不只是为了兑现诺言,更是为了表达我对学生们的钦佩与感谢。

这两件事情给了我很多启发。我在想,以前我在学生面前事事逞强,但学生们并不听从,而如今我处处"示弱",学生们却又能独当一面,这是为什么呢?后来我终于想明白了:老师不是保姆,不该将学生的一切事务包办代替,而应该为学生创造条件,让他们学着承担责任、解决问题,让他们拥有锻炼才能、展示才华的舞台;老师不是巨人,不该总以并不伟岸的身躯为学生遮风挡雨,而应该让他们在风雨的洗礼中学会生存、勇于拼搏;老师不是完人,不必在学生面前掩饰自己的弱点,只要付出了真心与真情,学生就会在爱的沐浴中学会爱人、学会珍惜。

(作者单位　宁夏吴忠第一中学)

# 巧解师生矛盾三例

吴瑞国

## 哪壶不开提哪壶

学生 A、B 向来与外语老师不和。后来我了解到 A、B 两位同学确实存在许多问题，他们很少交外语作业，上课时不仅不听讲，而且曾多次顶撞外语老师，还给外语老师取了一个难听的绰号。外语老师看到 A、B 学习惯差，又常在课堂上调皮捣蛋，于是对他们批评、指责较多。最后，外语老师实在是无计可施了，就把他们带到我的办公室。我做了大量的沟通工作，但似乎无济于事，眼看着他们之间就快到水火不容的地步了，我头痛不已。

一次，外语老师的丈夫要到医院做手术，她向我请假三天，并要求我指派两个学生帮她照看房子（房子在校内）。我毅然把钥匙交给 A、B 两位同学，没想到他们欣然答应了。第二天，我还不忘提醒 A、B 代表全班同学去医院看望外语老师的丈夫。后来的事情我不太清楚，只知道他们在医院里待了一个多小时。几天后，外语老师返校，她上完第一节课后就来到我的办公室。我习惯性地往她身后望了望，看是否又带来了"尾巴"，可这回她身后没有了"尾巴"，而且她还一个劲儿地夸 A、B 两位同学懂事、会说话、会办事，夸他们在医院里的表现很好，夸他们照看房子细心……

不久后的一天，外语老师又带 A、B 两位同学来到我的办公室，不过这一次她要求我在全班同学面前好好表扬他们。

## 巧唱双簧

调皮生 C 几乎不做物理作业，上课时也不专心听课。物理老师拿他没办法，还常为此发脾气。一次，他又没交作文，我把他留下来了，并故意威胁他说不完成作文就不许回家，就在办公室里过夜。二十分钟过去了，他竟然只写了几句话，于是急得哭了起来。这时，按我们事先的安排，物理老师过来了，他先抚摸着 C 的头，俯下身子，温和地对 C 说了几句话，然后转身对我说："给我一个面子，就让他回家写吧！由我担保，我保证他今晚会在家里认真写好这篇作文。如果明天他的作文有哪一点令你不满意，就找我好了！"说完，物理老师把他领到理科办公室，耐心指导了一番，并提出了一些要求，然后用摩托车把 C 送回了家。

第二天，C 面带笑意地把作文交给了我。的确，这次作文与他前面写的所有作文截然不同，书写、立意、选材、语言等方面没一样让我不满意的。我在班上大力地表扬了他，并把他的作文编进了《班级优秀作文选》。从那以后，我再也没听物理老师说过 C 不交作业，C 的学习成绩有了较大的进步。

## 从对立到合作

学困生 D、E 与年轻的数学老师可以说是针尖对麦芒。D、E 曾多次冒犯数学老师，而数学老师年轻气盛，脾气暴躁，因此冲突在所难免。该怎么办呢？我一时想不出什么高招。

在一次体育课上，我发现 D、E 都是班里的篮球高手。我灵机一动，决定在班上开展一次师生三人篮球赛。共组四个队,每队均由两名学生、一名男教师组成,先由学生自由组合,然后由四名男教师抓阄选择学生。D、E是好朋友,篮球水平也相当,他们自然会强强联手。我稍微做了一下"手脚",终于如我所愿,数学老师与D、E分在了一组。数学老师是这四个老师中球技最好的。在赛前训练中,他们三个人认真切磋,团结协作,加上个人水平都比较高,配合默契,已经吸引了很多人的眼球。正式比赛时,他们不负众望,力克群雄,终于获得了冠军。领奖台上,他们的手紧紧地握在一起,脸上洋溢着胜利的喜悦。

想到他们之间的矛盾化解了我很心安,那一夜我睡得很香。

(作者单位  湖北武汉黄陂鲁台中学)

# 向学生借书

蔡素琴

一天,我在课堂上无意中谈到广告效应,说人们去买东西时总买自己了解的或听说过的产品,其实读书也一样,到图书馆借书时,我们总挑选自己听说过的或者见过的书。

说过之后我也没往心里去,没想到有一个学生在作文中向我推荐书了。他说他很喜欢郭敬明的小说,尤其是他的《幻城》,书中哀愁的笔调、真挚的感情、凄美的意境,都让他如痴如醉。最后,他希望我也能看看这些书。

这是第一次有学生向我推荐书,而且可以看出他很希望我去看看这些书。我想,看看学生喜欢的书也好,可以了解学生的心理,与学生多一个共同的话题。第二天碰到他时,我说:"你是第一个向我推荐书的学生。"他得意又有些不好意思地笑了笑。"既然你很喜欢这些书并向我推荐了,那你好人做到底,把这些书借给我看吧?"他有些惊讶地看着我。"怎么?不行?"他笑着说:"不是,有的书我也是跟别人借的。《幻城》我已经借给别人了,过几天等他还给我之后再借给你吧。""好。"我说。

走出教室的时候,看到一位学生正在埋头苦读,我好奇地看了看,是《梦里花落知多少》,于是我就说:"你看完之后,借给我看好吗?"他抬起头,看到是老师,怔了一下,马上合上书递给我,说:"我已经看完了。""真的?"我有些怀疑。他肯定地点了点头。我接过书,说了一声"谢谢"

就走了。

过了一天,我把书看完了,于是将书拿到教室里还给那个学生。他有些惊讶地问:"这么快就看完了?""是呀。""好看吗?""还可以。挺哀怨的,情节一般,不过你们肯定非常喜欢看,书中人物的说话方式和你们差不多。""结局怎么样?"他有些着急地问。"你不是看完了吗?"他笑了笑。顿时,我心里有一种说不出的感觉。其实学生都很纯真,只要教师肯放下架子亲近他们,他们就会非常高兴,而且愿意为老师做一些事并以此为荣。"你自己看吧,别人告诉你就没意思了。""嗯。"他点了点头。

随后,我找到第一个向我推荐书的学生,跟他说《梦里花落知多少》我已经看过了,还不错。他很高兴,还和我讨论起这本书来。虽然他的想法有些稚嫩,但还是有一些自己的看法的,尤其是对现在年轻人的生活观念有独特的见解。中学生大多非常喜欢看喜剧,但是他却十分欣赏文中的悲剧情节,还说如果这本书以男女主人公的幸福生活来结尾的话,他是不会喜欢这本书的。我现在才明白,为什么他的作文每每充满悲伤。这时的他与平时拘谨的他简直判若两人,他滔滔不绝,侃侃而谈。他说:"老师,我以后还会向你推荐书的。""好啊!好书大家分享,我有好书的话也会向你们推荐的。"

之后,他经常跟我谈论郭敬明的作品和他自己的近况。随着了解的深入,我明白了他作文中的悲伤成分一部分是由于他自己的性格和成长环境造成的,但很大一部分是受郭敬明作品的影响。他确实有些"少年不识愁滋味,为赋新词强说愁"的味道,不过,总算让人放心了许多。

就这样,我陆续从学生手中借阅了他们喜欢看的《幻城》、《1995—2005夏至未至》、《病毒集中营》、《狼的诱惑》、《一杯热咖啡的等待》和《我的东方》等书。向学生借书好处多多,一是自然而然地起到了"身教"的作用,营造出了浓厚的读书氛围;二是与学生有了更多的共同话题,增进了对学生的了解,还拉近了师生之间的距离。

(作者单位 浙江台州路桥区第三中学)

# 悄悄地离开

史　峰

一天晚上，我去检查男生宿舍的纪律情况时，刚走到窗下就听到宿舍里有人叽叽喳喳地说笑着。仔细一听，原来是两个男生在闲聊。

一男生说："今天下午发生了一件好事。"

另一个男生问："什么好事啊？"

先前那个男生说："散会的时候，我从阶梯教室里走出来，由于门太窄，结果一个女生被挤到我身上了，她很软，还有香味呢。"

另一个男生小声笑了起来："你好有福气呀！怎么没有女生撞到我身上呢？"

接着他们一起笑了起来。

这两个小子不安心睡觉，居然凑在一起说"艳遇"，真是"色胆包天"呀！我真想破门而入将这两个男生揪出来。

但我稳了稳自己的情绪，并没有破门而入，而是悄悄地离开了。

等走到离宿舍大概有三十米远的地方，我打开手电筒对着窗户照了照，宿舍里马上就安静下来了。

为什么我没有破门而入而是选择悄悄地离开呢？因为这让我想起了自己学生时代发生的一件事——

那年我上初三，晚上我没有好好睡觉，而是与一帮"色友"围在一起

"胡说八道"。我们谈论着班里哪个女生最漂亮,最想让谁做自己的老婆……

我们聊得正起劲时,宿舍的门忽然被人踹开了,只见班主任打着手电筒进了宿舍,他用手电筒照着我们的脸,照一个喊一句:"流氓刘春华你下来!""流氓李继新你下来!""流氓赵表成你下来!"……

当天晚上,班主任在宿舍里一共抓获了七个"流氓"。我们这群"流氓"被班主任一顿臭骂,简直无地自容。

后来我们这些"流氓"的名字在校园里传开了。这不仅成为了我们沉重的精神负担,也导致我们与班主任长期处于对立状态——直到现在,我们见到当年的班主任时还会尴尬万分。

其实,这样的闲聊与"色情"无关,与"流氓"更无关。班主任听到孩子们在谈论这些事情时,与其破门而入,倒不如悄悄地离开——谁没经历过青春岁月呢?

(作者单位　山东莒南路镇一中)

# 理发逸事

李六林

班主任要在双休日义务为男生理发的消息一经传开,班上立即炸开了锅。男生们交头接耳,议论纷纷,女生们也在嘀咕。顿时,教室里弥漫着一种紧张的气氛。

第二天,我来到教室里,奇怪的是竟然不见一个男生的影子,显然,男生都被吓跑了。可以看出,男生对理发之事是有顾虑的,甚至有抵触的情绪。我想,学生的顾虑可能有两点:一是担心班主任的理发技术不过关,怕不合他们的心意;二是理发时不喜欢有人围观。十五六岁的青少年往往爱面子,爱打扮,非常注重自己的形象,所以,学生有些顾虑是可以理解的。为了打消他们的顾虑,我在心中盘算着下一步该怎么做。

第三天,我在没有通知他们的情况下,带着理发工具来到男生寝室。学生对老师的到来感到很意外,而且不知所措,但他们心里都明白老师这次来的目的。此时,我心里很清楚,只有给学生理了发,才能彻底打消他们的顾虑。我左寻右找,发现小明的头发较长,就把他请出来修理头发。小明不情愿地走过来,无奈地坐下了。理发时自然有不少学生围观,还不断有学生主动与我交谈。大家你一言,我一语,寝室里一下子热闹起来了。在这种轻松、愉快的气氛中,小明的头发很快就理好了。同学们像欣赏艺术作品一样看着小明的新发型,看完之后便拍掌叫好。其中一名学生跟我说:"老师,起初我们以为您要用理发来惩罚我们呢,会把我们的头发理得又短又丑,没想到您的理发技术这么好,可与美发师媲美了。"大家听后又是一片笑声。小明也不好意思地笑了起来。接着,又有同学说:"老师,您也帮我理一个吧……"

理发之事很快被同学们接受,我的理发计划也算是有了一个好的开端。通过理发,我们加强了情感交流。师生之间没有了隔阂,关系自然也就融洽起来了。有了这样良好的师生关系,班主任的工作自然就能顺利开展。

在随后的日子里,我经常会去男生寝室给他们理发。学生们也就不再围观,于是,我便利用理发的时间与学生谈心,以了解学生的情况。

又是一个双休日,和往常一样,我来到男生寝室。几个学生正在等候我的到来。我们天南海北无所不聊,也常常聊到班上的情况,比如,张三怎么样,李四如何,等等。尤其是当寝室里只剩下我和理发的学生时,学生就会完全放松,这时他往往会在不经意间透露出一些老师不知道的信息。

王役是一个热情大方、活泼好动的男生,平时班上就数他话最多,只要有他在,教室里讲话声音最大的肯定就是他。在给王役同学理发时,每次都是他说得多我说得少。当我问他问题时,他总能说出一大串来。当我问到班上同学喜不喜欢上网时,他不假思索地说:"班上绝大多数同学都会去网吧,包括一些女生,有的还特别喜欢上网,赵志刚还经常上通宵网呢!"说到这里他停住了,我知道他是怕"得罪"赵志刚而不愿意说下去,于是很快我们又聊起了别的话题。

彭雄是一个性格比较内向的男生,平时不爱多说话,这次还是我主动约他理发的。跟他交谈时,经常是我问一句他答一句。当我们说到篮球的话题时,他的话语渐渐多了起来。当我说到班上温青亮同学的篮球打得好时,他接过话说:"他一有空就去篮球场上,班上女生何媛也经常和他在一起。"我马上问:"他俩是不是在谈恋爱?"他笑而不答。

通过给学生理发,我确实了解了班上的很多情况,这有利于做好学生的思想工作。对于一些问题学生,我不愿意在班上大肆批评,而是经常利用理发的机会对他们进行说服教育。原因很简单，在这种氛围里，学生没有逆反和抵触情绪，比较容易听进老师的"忠言"。

在给温青亮同学理发时，我巧妙地将话题引向早恋。我耐心地讲解了早恋的危害并举例说明，他听得很认真。当我问他有何看法时，他小声地说："我赞同老师的观点。"后来我听学生反映，温青亮的变化很大，也很少看到他跟何媛在一起了。

还记得有一次我给一个学生理发时，正好赵志刚也在寝室里。趁这机会，我跟他聊了起来，聊着聊着我突然问他："你的眼睛怎么通红？"他半天没吭声。我接着问："是不是由于经常上通宵网造成的？"他不好意思地说："是。"我说："你很诚实，这一点值得表扬。"而后我又说了很多关于上通宵网的危害。他听得很认真，情绪也很稳定。事后有同学说他很少上通宵网了，他的学习成绩也提高了。

班主任不仅是班级的管理者，也是学生的服务员。我觉得，班主任想要做好工作，首先就要树立为学生服务的意识。服务意识的体现是多方面的，为学生理发就是服务意识的体现之一。这种服务意识最终让我获得了回报：一是增进了师生间的感情；二是及时、准确地把握了学生的思想动向。

（作者单位　江西宁都师范学校）

# 学生"爱"上了我

张颖琦

刚开始当班主任时,我热情真诚,活泼开朗,简直就是电影《一个都不能少》中的魏敏芝。

一次,上完晚自习后,我发现自己落下了一本书,于是返回教室。走廊里一片漆黑,我摸索着掏出钥匙准备打开教室门,没想到手中的卷子散了一地,我忙着去捡卷子,结果钥匙又掉进了一片黑暗中。我蹲在地上,头发散乱,又气又急。这时,突然从黑暗中冒出一个人影来,吓得我缩到墙角,不敢吭声。那个"黑影"镇定地走到我面前,把钥匙放到我手中,随即我的耳边传来一个充满青春气息的声音"老师……"。我仔细辨认,发现那个"黑影"原来是我班上的一名男生小田。突然,小田将手放到我的额前,轻轻地捋了捋我散乱的头发,说:"老师,我帮你开门。"然后,他转过身镇定而利落地把教室门打开了。然而,就是这个帮我捋头发的动作,让我这个老师顿时傻了眼,出了一身的汗,我慌乱地拿着书走了……

以后每次上课,小田的眼睛简直就像两团火焰一样直盯着我。我清楚地知道,他把我当成了幻想中的"女性偶像"了。怎么办?该如何引导、教育这样的学生?对于这个问题的解决方法,没有哪本书里说过,也没有哪位教育大家和前辈提过。引导、教育得不好,会适得其反,但是任其发展,又怕不利于这个孩子的成长。我没有把这一情况向学校汇报,而是选择了逃避。

我以自己经验不足为由,向学校申请重新带一个低年级的班。我想,这样就可以避免天天与小田见面了,情况也许就会好起来。

然而我错了,几个月后,我在教学楼的台阶上撞见这个孩子,只见他嘴唇苍白,脸色蜡黄,眼睛一动不动地盯着我,他把一张纸条塞给我之后就跑了。我一看,是泰戈尔的一首诗:

世界上最遥远的距离/不是生与死/而是我就站在你面前/你却不知道我爱你……

我连忙向他的新班主任打听他的近况,谁知那位老师叹了一口气,说:"他成天像个病人似的,不参加班级的任何活动,成绩也下降得厉害。"我这才意识到问题的严重性。

我把小田带到我家,刚进家门,小田就看见我家墙上挂着一幅黑白大照片,照片上有一幢拆了一半的学生楼,未拆的楼房孤独地立在那里,与断壁残垣呼应着,岌岌可危。

我告诉他,我和丈夫刚结婚时就住在那里。我是中学教师,丈夫是大学教师,那时学校的住房非常紧张,于是我们只好住在学生楼里。尽管居住条件比较差,但我们常常互相安慰着说:"斯是陋室,惟吾德馨!"后来,这幢学生楼要拆迁了,所有的学生都搬走了,可我们还没有找到住处,我们蜷伏在这废墟中,感到十分孤独和恐惧。有一次,夜里断电了,一块巨大的水泥板砸下来,差一点就砸在我身上。那段时间我还常常梦见一只蜗牛悄悄爬上树干,一只蝴蝶翩翩飞向花丛,世间万物都有他们的家啊!我相信我们也一定会有的!仅仅过了一年,我被评为成都市优秀青年教师,成都市教育局很快就解决了我的住房问题。

我告诉小田,这张照片上的学生楼就是我和丈夫爱情的见证。爱情不是海市蜃楼,它是两个人在平淡甚至艰难的生活中的相守。生活就像这房子,很多时候它是残缺破损的,需要两个人用坚强的毅力去修复!就像舒婷所说:"我们分担寒潮、风雨、霹雳;我们共享雾霭、流岚、虹霓。仿佛永远分离,却又终身相依。"这才是真正的爱情!我问小田想过这些没有,小田摇摇头。

我又把小田带进里屋,屋里坐着一位干瘦的老人。我告诉小田,这是我丈夫的父亲,他因为中风而半身不遂。我每天天不亮就把三岁的儿子送到幼儿园,然后赶往学校上早读课,中午我还要赶回家给老人做饭,下午要将放学的儿子接回家,之后还要赶回学校上晚自习。晚自习结束后,我迈着沉重的脚步回家,回到家后还要扶着老人到附近的医院做理疗。我就像上了发条的钟摆一样,有节奏、有规律地运动着,不能有任何时差,永远停不下来!我告诉小田是爱情让我如此坚强,爱情不仅仅是甜言蜜语,更重要的是责任!当我问他是否明白时,小田没有点头,但我从他的眼里看到了震惊。

我继续说道:"孩子,爱情不是幻想,而是真实生活中的点点滴滴。你太小,还没有独立生活,也就无法体会责任,更无法承担责任!你的感情虽然纯真美好,但这仅仅是对异性的好奇与好感,不是真正的爱情。你必须好好地把握现在,努力去创造属于你的未来,只有这样,你才会真正赢得属于你的爱情!"

小田没有点头,但我看见他流下了眼泪。在以后的中学岁月里,小田也许还会有怦然心动的时刻,但无论青春的小草怎样撩拨,我想他都不会打开情感大门的,因为他已经能够理智地面对情感问题了。

我用自己的方式成功地给学生进行了一次青春期教育!

(作者单位 四川成都第十四中学)

# 师生矛盾巧处理

魏 强

师生之间时常会产生矛盾。面对师生矛盾,我们不能害怕,更不能逃避,而应采用正确的方法巧妙地处理。

## 一、师生矛盾的处理方法

处理师生矛盾的方法不外乎"喝、哄、吓、诈"和"察言观色",关键在于和学生打心理战。

我刚参加工作时,听一位老教师归纳教育学生的"喝、哄、吓、诈"四手段,当时觉得有一点像江湖上那一套,并不认为它会产生实际的效果。后来在工作中,我才发现这四个字高度概括了教育学生的方法和技巧。"喝"就是呵斥,是对学生进行暴风骤雨般的心灵洗礼。这种方式虽然有些粗暴,但有时很管用。有时,我呵斥了一些学生后,他们反而对我说,他们早就希望我训斥他们。"哄"就是耐心细致地做学生工作,给人以希望和鼓励。"吓"是对屡教不改的学生施压,利用纪律和制度对他进行威慑。"诈"是一种对话技巧,目的是获取学生更多的真实信息。

在处理师生矛盾时,如何才能运用好这四种手段呢?这就需要"察言观色"。"察言观色"是指通过观察人的言语、脸色等来揣摩对方的心理,这一招在教育学生时非常有效。例如，在教育一个犯了错误的学生时，刚开始教师往往不能准确地知道他的想法，这时，不妨先用"喝"的方法，如果发现他的脸色越来越难看，说明这种方法运用得不恰当，就应立即换一种方法。有经验的老师往往会通过观察学生的变化来选择恰当的教育方式。

可能有的老师会想，这不是打心理战吗？事实上，从某种意义上来说，老师对学生进行教育就是心理的交锋。

记得在我读初中时，有一次，班主任在课堂上骂一个不听他讲课的学生。这个学生的家长跟他很熟，而且是家亲，班主任一直把这个学生当亲侄儿来看待。由于他骂得太过火了，这个学生当场就冲过去跟他厮打起来。我在旁边看到这个学生的脸色越来越难看，可是班主任在骂他的时候眼睛却一直望着别处，没有及时观察到这一变化，结果造成了这场肢体冲突。

## 二、师生矛盾的处理原则

在处理师生矛盾的时候，应注意以下几个原则。

### 1. 刚柔相济

刚柔相济是处理师生矛盾的重要原则。在教育学生时，若学生刚，老师就该柔；若学生柔，老师就该刚。有的老师认为柔就是软弱的代名词，其实并非如此，柔是制刚的法宝。"好汉不吃眼前亏"，"退一步海阔天空"，这些都是柔的策略。如果说刚是力量的象征，柔则起着缓冲作用，它能让能量的释放变慢，让师生矛盾软着陆。有的老师担心这样会影响老师的威信，其实这种担心是多余的。在学生刚的时候，他会什么都不顾，待他冷静下来后，你再发起反攻，不但可以把失去的阵地夺回来，而且能起到事半功倍的教育效果。一个学生不听讲，老师提醒了他三次，该学生仍然我行我素，老师冲动之下要将该学生抓起来站着。可是这个老师刚抓着他的衣服，学生说："你要打架吗？想打架就出去单挑。"老师意识到学生和自己现在都很冲动，识破了学生为他设置的"陷阱"，于是平静地说："单挑就算了，老师已经不敢和你比了，你还真够狠的！算了，我还是讲我的课吧！"然后装着很轻松的样子继续讲课。下课后他把这个学生叫到办公室里进行教育，并问他怎样消除影响，最后他们共同商量好让这个学生在课堂上做检讨。就这样，这个问题学生被柔制服了。

### 2. 维护同事的威信

班主任在协调科任老师和学生的关系时，要注意维护同事的威信，只有这样，班级管理才能形成合力，才能推动班级向良性的方向发展。一个学生在课堂上顶撞了语文老师，语文老师十分生气，叫他滚出去。于是这个学生就出去了，他在外面瞎逛时，正好被校长看到。事后，班主任为语文老师打了一个"掩护"，说学生因家里出了一点事，想到外面冷静一下。班主任在教育该学生时分析了语文老师生气的原因，并让学生想一想自己的言行是否伤害到了老师，最后该学生向语文老师承认了错误。最终这件事情得以妥善解决。

### 3. 疑有从无

如果没有确凿的证据证明学生违纪，教师应该疑有从无。在学生的行为没有造成恶劣影响的情况下，何不送一个"顺水人情"，给学生一个台阶下呢？得饶人处且饶人！

## 三、处理师生矛盾时的注意事项

### 1. 尊重学生

最好不要当着学生的面谈论其他学生，以免误传；不能辱骂学生及其家长，辱骂包括语气不当或使用了不好的修饰词等；对学生不能偏心，很多矛盾往往就是因为老师偏心造成的。

### 2. 以身作则

比如，若要求学生按时到校，老师就应该身先垂范；若要求学生在课堂上不用手机，那么老师在课堂上也不能用，等等。老师身上有两种魅力：一种是知识魅力，另一种就是人格魅力，而人格魅力对学生的影响更为深刻。

3. 保护自己

在法制观念渐渐深入人心的今天，我们老师也一定要学会用法律武器保护自己。

对违纪学生一定要加强心理辅导，特别是当我们有过火语言或动作时更应该做好这一工作。

教育学生时，一定要跳出圈来看待这一问题，这样，你就不会为学生的一些话而气得咬牙切齿。同时，还要考虑到他是一个独立的个体，他应该得到尊重。在教育学生时，一定要冷静，要充分考虑学生的心理承受能力，不要轻易说"你给我滚出去"，"你要走你就走啊"之类的话。

尽量不要与学生有拉扯的动作。因为这样的动作可能会给老师带来意想不到的麻烦。

（作者单位　四川屏山县中学校）

# 我为学生写"传记"

陈振华

记得我刚参加工作时,很羡慕那些桃李满天下的老教师,一到节假日,信件纷至沓来,让人很有成就感,我也很想成为这样的老师。然而,在和这些老教师交谈时,我也发现了他们的尴尬:因为和有些学生交往比较少,加之学生毕业的时间过长,有时收到来信或是学生来拜望时,教师会叫不出他们的名字,甚至记不起来他们曾是自己的学生。仔细想想,却也能发现这些尴尬背后的原因,我们总能记住那些较为优秀和较为调皮的学生,因为优秀的学生会让老师印象深刻,而调皮的学生则更让老师操心,当然也容易被记住,而被遗忘的则是大多数普通的学生。如何才能避免这种尴尬呢?我想出了一个好办法:为学生写"传记"。

为学生写"传记"这个念头源于我刚参加工作不久后的一次作文课。当时我要求学生写学校里自己最熟悉的一个人物,作文交上来后,我发现很多学生都写了我这个老师,有的学生对我的肖像进行了细致的刻画,有的着重描写了我上课时的一言一行,有的学生则侧重于写我和学生的交流。看得出来,学生对我平常的言行举止观察得很仔细,描写也都很认真,丝毫没有拔高的意味。我很感动,我想我自己也该做些什么。想到有些语文教师将自己写的同题作文放在课堂上让学生点评,我灵机一动,也写了两篇文章,分别描写了平常和我接触较多、较为调皮的两位学生,并把这两篇文章放在学生的作文中一起讲评。在作文课上，一般情况下，我每讲评完一篇写得较好的文章，学生们都会东张西望，议论纷纷，想知道文章写的是谁。而当我讲评完我自己写的匿名文章时，学生们都安静下来了，他们似乎知道了文章写的是谁。在点评文章时，许多学生认为，那两篇文章细致地描写了两位学生的外貌、言行，尤其是心理活动。而当得知文章是我写的时，学生一下子惊呆了。他们没想到，老师竟然观察得这么仔细，描写得这么生动细致。课后，许多学生都找到我，尤其是一些平时表现平平、成绩普通的学生，他们腼腆地提出了请求，让我谈谈我对他们的看法。于是我答应为每个学生写一篇文章，期末交给他们。

刚开始写的时候，我还觉得有话可说，然而写了十几位学生后，我发现要写出特色越来越难了，尤其是对那些较为普通的学生，也正如许多老教师所说，平常的学生在老师心中最难留下深刻的印象。为了做到让每一个学生满意，我开始更多地留意起这些学生，我还利用课余时间找他们谈话，以便充分了解他们的内心世界。对那些成绩优异、表现好的学生，我除了写他们遵规守纪、学习勤奋等特点外，还会写他们的小缺点；对调皮的学生，则主要写他们的优点、我对他们违纪违规的想法以及一些鼓励的话语；而对表现平平的学生，则注重于写他们日常生活中的一言一行，写他们参加各种活动时的表现，详细记录他们的每一次自我突破。

临近期末了，我将平时积累的材料再次进行了整理，写成一篇篇文章打印后发给学生。收到我的文章时，学生们比获得学校的奖励还要兴奋。大家都想知道老师对别的同学的印象和评价，于是互相交换着看，连那些性格较为内向的学生也在跟同学交换文章。春节，我收到了许多学生的祝福。更有家长在电话中对我说："看了您写给孩子的文章之后，我们做家长的很欣慰，觉得老师在真正关心孩子每一天的成长，也能看出老师是平等对待每一位学生的。老师只有平时细致地观察孩子、关心孩子，才能了解孩子的这些优缺点，这远比通知单上的评语要全面、丰富。谢谢老师！"

从那以后，我开始为我所教的每个学生都写一篇文章，记叙他们学校生活中的点点滴滴。我将学生三年的成长经历浓缩成一篇篇文章，并将其作为我人生中最宝贵的精神财富。休闲时翻看这些"传记"，每每回忆起学生的音容笑貌，我都会感动不已。十年来，我一直坚持为学生写"传记"，因此，不管是学生来电还是来访，都没有出现尴尬的情形，因为我能准确地说出每位学生的名字，甚至是他们的乳名，能记起曾发生在他们身上的一个个故事。学生们也都很感动，有一个学生甚至还引用苦伶在《永远的记忆》中说的一段话来表达自己的感受："没想到在离开家乡，漂泊异地这么久之后，会看见自己仍然在一个人的记忆里，她自己也深深记得这其中的每一幕，只是没想到越过遥远的时空，竟然另一个人也深深记得。"

为学生写"传记"，能让我永远记住我的每一个学生。

（作者单位　湖南沅江教师进修学校）

# 如何处理学生的"投诉"

祁长翠

我是一名初一年级的班主任,我几乎每天都会接到孩子们的各种稀奇古怪的"投诉"。

在处理这些小纠纷时,采取批评和惩罚措施往往不能取得令人满意的效果。初中学生正处于生理和心理快速发展的时期,他们渴望了解社会、了解他人、了解自己,希望被人理解、支持,受人尊敬,希望得到师长和同伴的注意。在这样的情形下,批评和惩罚并不一定能让问题得到妥善解决。

那么,该如何处理学生的"投诉"呢?

### "空山不见人,但闻人语响"

教师应回避直接出面解决矛盾,而应借"投诉人"之口,给对方施加一定的压力。

一天,吃完午饭后,我正伏在办公桌上小憩。一个清脆的声音在我耳边响起:"老师,伍灵在教室里下棋,他怎么也不愿扫包干区。"卫生小组长和另外一个小姑娘满脸委屈地站在我面前。"噢!"抬头的一瞬间,我看到了墙上的钟,才12点。为了缓和紧张的学习气氛,我允许他们午自习前和晚自习前在教室里下棋。女生这方面的兴趣没有男生浓,于是把注意力都放到自己当天的卫生包干区上,男成员的不配合也就会使她们有一种受挫感。其实,再过十分钟去打扫卫生包干区也并不过分。"这个臭小子,对班级的事怎能这么不积极呢?"我不痛不痒地开着玩笑。缓解了她俩的激动情绪之后,我说:"回去跟他说'再给你五分钟',看他五分钟后会怎样,别说是我说的。"两个女生回教室去了。五分钟后,我偷偷溜到教室后门口,只见一个胖嘟嘟的男生正卖力地弯腰扫地,先前"告状"的那两位女生一个拿着拖把,一个拿着垃圾篓,脸上充满着胜利的微笑。

其实,学生不说,下棋的男生也心知肚明,从办公室回去的同伴对他讲的这句话绝对是老师说的。这样做,一方面可以维护学生的自尊心,使学生积极配合;另一方面也给学生施加了一定的压力。另外,对于这件事,本来就很难说清谁对谁错,因此,这样的处理方式更容易被学生接受。

## "以其人之道,还治其人之身"

我们的教育反对"睚眦必报",我也无意宣扬这样的观念,而是期望孩子们能对自己的行为负责。初一的孩子,尤其是活泼好动的男生,在与同伴相处的过程中,常常会由于过多的小动作而惹恼同伴。处于青春期的初一学生的小动作甚至比小学生还要多,还要频繁,还要稀奇古怪。我们不能忽视这一现象的存在。

"以其人之道,还治其人之身",这是处理这类问题的好办法,可以收到较好的效果。

"老师,谢唯抹得我满脸都是粉笔灰。"课间活动时,徐锋一头闯了进来,我看着忍不住笑了,他左右脸颊上各有一个清晰的白手掌印,这和他黝黑的皮肤形成了鲜明的对比。"你把他叫来!"谢唯来了,只见他绷着脸,很严肃,这是他犯错误(或进办公室)之后惯有的表情。"你干什么了?"我笑着问。"弄粉笔灰了。""为什么要弄?是为了'报仇雪恨'?""不是。"

"好玩,是吗?""是。""好,你现在看徐锋一分钟,仔细打量他的整张脸。"他转过头,面无表情地看着徐锋,没到半分钟便"扑哧"一声笑了出来。一分钟到了,我问他:"怎么样?有什么感觉?不错,是好玩,但好看吗?"他笑而不答。"徐锋,你也让他好看一下,你去教室里弄两手粉笔灰来,给他也抹上。"我笑着说。"告状"的学生这会儿定定地看着我,眼神中充满了疑惑。"去啊!我是认真的。"他还是没动。"老师,我不去。""为什么?""我……我是男人。"一屋子的同事全都笑了起来。我看着谢唯,他的脸已经红到脖子根了。"谢唯,你说怎么办啊?""我道歉。""好了,去打开老师的第二个抽屉,里边有干净的纸,帮他把粉笔灰擦掉。"谢唯拿出纸边笑边轻轻地替徐锋擦干净了脸。

一次小纠纷就这样消解了。要求"告状"的学生以同样的手段去对待对方,可以让调皮的学生自觉审视自己的行为并作出判断,还能让"告状"的学生对自己即将发生的行为的动机产生思考,从而意识到其中的不妥之处。在这个过程中,"宽容"二字就会深植学生的内心。

## "投我以木桃,报之以琼瑶"

在工作中,我们常会接到来自女生的"投诉",男生的过分言行令她们尴尬难堪。是的,我们也时常为男女生之间的这些矛盾而头痛不已。处于青春期的孩子们,逐渐意识到两性差别和两性关系,开始产生探究异性的心理。他们私下里会谈论异性同伴,与异性同伴之间的交往比较积极,也比较关注异性同伴的一些外在变化,喜欢与异性同伴开玩笑。这些行为较多地出现在男生身上。其实,这些都是正常的青春现象。既然如此,就把孩子们已经出现的状况看作是青春期的礼物吧。古语云:"投之以木桃,报之以琼瑶。""木桃"已经送来了,也许味道不怎么好,但我们要冷静地处理,争取回报给他们更美味、更有价值的东西。

那天早上,我一到办公室就看到桌上静静地躺着一封信,"祁老师亲启"

这几个稚嫩的字直入眼帘。我打开信一看，真是生气，信中写道："祁老师，我希望您能够整治一下我们班的男生。我不明白我们班的男生为什么会那么色。今天晚自习之前，我正坐在座位上写作业，蒋在我面前站住了，随后，他对我说：'你衣服是不是透明的？我可以看到里面。'……后来，又围过来好几个男生，甚至有人继续问我，还有人对我说'你被人偷窥了'。我觉得屈辱极了。第二节课，好友气愤不过，帮我去质问他为什么要这样做，他竟然跟什么事情都没发生过一样……那几个男生平时也经常欺负女生，说一些很难听的话。我希望这件事情能引起祁老师的重视。我不希望再有这样的事情发生。"那天恰逢期中考试，还有不到半个小时就要开考了。怒火中烧的我却无法平静下来，我觉得这些男生实在是太放肆、太过分了，立刻依据信中提及的线索追查，打算不让他们参加期中考试了。结果我调查了将近二十分钟，却处处碰壁，没有一个学生承认说过这样的话，一名学生甚至当场反问我："老师，我难道会搬起石头砸自己的脚吗？"

坐在安静的考场里，我渐渐平静下来了，我意识到自己太冲动。其实，孩子们都长大了，他们非常需要老师的指导。于是，我决定中午为男生开一节特别的班会课。

吃完饭，我把全体男生集中到公共教室，坦言相告匿名信的内容。然后，我在黑板上写下了"高兴""担忧""生气""理解"八个大字。看着他们莫名其妙的表情，我做出了解释："真的，老师的第一个反应是高兴，你们也应该高兴，为你们的成长而高兴。这封信告诉老师，你们有了性别意识，你们不是性别盲。来，为我们班男子汉们的成长庆祝一下。"学生显然被我的这番解释吸引住了，都很配合地鼓起掌来。"老师的第二个反应是担忧。你们还不知道通过恰当的途径去了解你们的异性伙伴，在交往过程中你们对异性伙伴缺乏最起码的尊重。想一想，信中的女同学当时有多尴尬啊！老师希望你们健康成长。所以，我建议大家利用假期看些青春期方面的书籍，然后以最恰当的方式、最有风度的形象出现在咱班女同学的面前。"逐渐放松的男孩子们开始小声地讨论起来。"老师的第三个反应是生气。这件事发生后，竟然没有一个人勇敢地承认。男子汉应该有责任感。所以，老师希望你们有意识地去培养自己的责任心。这是男人非常重要的一种品质。"我注意到有几个男生把头低下去了。"老师的最后一个反应是理解。你们的不承认正说明你们还是辨善恶、明是非的，你们意识到这样的行为是不正确的，所以你们逃避。我不怪你们，我也不会再去追查这件事情。老师觉得，一个人只要还分善恶是非，一切都还有希望。"

班会结束后，我也没再追究这件事情，但我要求他们回去之后，针对这封信或这节班会课，写一些心里话，可长可短，晚自习前把写有心里话的纸张放在我的抽屉里。第二天早上，我打开抽屉一看，有很多纸张，纸张上写着他们的心里话："我为拥有这样一位好老师而庆幸。""老师，我会用最合适的方式与女同学交往的，您放心，我再也不会做出侮辱女生的事了。"……

其实，只要我们发挥智慧，冷静地处理问题，班主任工作也可以充满诗意。

（作者单位　江苏外国语学校）

# 学生怎样给老师提意见

王理尧

前些日子,我漫步在幽静的校环路上,发现平时有"假小子"之称的小薇竟然闷闷不乐,她一个人在路上走着。我赶忙快步走上前去,跟她交谈起来。

原来,在一节公开课上,陈老师声情并茂地朗读着朱自清先生的名篇《荷塘月色》,当读到"尔其纤腰束素,迁延顾步"时,陈老师将"纤(xiān)"读成了"纤(qiàn)"。于是小薇主动站起来,说:"陈老师,您读错了一个字,将'纤(xiān)'读成了'纤(qiàn)',因为'纤(xiān)'是细小的意思,'纤腰'就是细细的腰肢,而'纤(qiàn)'没有这种含义……"她的话还未说完,其他同学就开始议论纷纷,陈老师铁青着脸一言不发,额头上的汗直淌个不停,大家大眼瞪小眼,好不容易才挨到下课。

同学们对她的看法褒贬不一,有人说小薇是好样的,敢在公开课上"叫板";也有人说小薇不应当这样做,这是逞个人威风,好好的一堂课就这样被她弄砸了;甚至还有人说小薇对陈老师不满,这是故意找碴儿。小薇听后,懊恼极了,不知该怎么办才好。

周一班会课上,我让同学们就这件事进行讨论,没想到竟形成了几种观点。有三分之一的人认为,小薇没做错,学生出错时,老师可以当面纠正,那么老师出错时,学生也可以当面纠正,要怪只能怪陈老师太年轻,经验不足,能力不强,心理素质不好;有三分之一的人认为陈老师念错了字可以理解,有一个同学甚至还唱道:"年轻不是错,都是小薇惹的祸。"还有三分之一的人认为陈老师念错了字是事实,学生也应该提,但是最好不要当面提,尤其是上公开课时更要慎重考虑。

最后,我总结说:"陈老师感到难以接受可以理解,小薇提意见也没错,但她提意见的方式错了。那么该怎样向老师提意见呢?"

经过讨论大家一致认为,学生和老师的地位虽然平等,但学生给老师提意见时要慎重。具体来说,应注意以下事项:

1. 尊重老师,分清场合

尊重老师,就是要维护老师的尊严,尊重老师的劳动成果。老师把知识毫无保留地教给学生,如果说他们希望得到什么回报的话,那就是希望学生成才。俗话说得好,一日为师,终身为父。因此,学生必须尊重老师。学生向老师提意见时要把握时机,分清场合。一般来说,老师在全神贯注地讲课或讲话时,学生最好不要打断,即使老师有不当之处也不要急于发表意见,否则,很容易打断老师的思路,干扰正常的教学活动。如果遇到这种情况,你可以先对当时的场合进行简单分析,再考虑如何做最恰当。其实,如果你事后与老师交谈,老师会坦然接受,会努力想办法补救,同时也会被你的行为所感动,这样,师生关系会更加融洽。

2. 语气平和,方式委婉

学生向老师提意见时,要注意语气和方式。老师也是普通人,当然也会有各种各样的弱点。有时老师的观点不正确,或误解了某个同学,甚至有的老师"架子"比较大,这都是可能的。因此,你在提意见前就要了解该老师的性格特点,然后通过适当的方式委婉地指出他的过失。如果老师不理解你,你也不要当面和老师顶撞,因为这样不但无益于问题的解决,还会恶化师生关系。你应该暂且忍一忍,等大家都心平气和之后再把事情说清楚。

**3. 言辞恳切，点到为止**

老师是长者，学生应该把他们置于长辈的位置，不要因为老师偶尔的失误或不足就在自己的言行中表现出不屑，也不要认为自己的意见绝对正确。提意见的时候言辞要恳切，点到为止即可，还要尽量用礼貌、商量的口气。

**4. 方法多样，心灵交会**

其实，提意见有很多种方法，应根据具体情况而定。表达能力强的同学在适当的场合可以当面向老师提意见；不善于面对面地提意见的同学，也可以委托自己的好朋友向老师提意见；对于某些比较复杂的问题，如果你怕当面谈时自己头绪紊乱，表达不全面，还可以通过写信的方式向老师提意见；随着现代科技的发展，同学们还可以通过QQ、录音留言、短信等多种方式向老师提意见。

（作者单位　湖南炎陵第一中学）

# 借钱给学生的学问

许宏芹

从事班主任工作已有六年多，我和学生的关系一直比较融洽，但有时也有让人烦恼的事，比如，每学期都有学生向我提出借钱的要求。很多学生的经济状况呈现出这样的规律：开学（或收到家长汇款）时"腰缠万贯"，是"大款"；学期中间降为"小康水平"，是"小资"；学期末就意味着赤贫时代的到来，是绝对的"贫民"，这时很多学生就会寻求外援。

学生刚开始向我借钱时，我几乎是有求必应，甚至想借此巩固师生关系（这也是很多年轻班主任都有的认识误区）。后来我听说了一件事，这件事对我触动很大。一位年轻的班主任常借钱给走读生。一次，一位走读生的家长打电话给她，说："老师，最近我家的经济状况不太好，您能不能借一百元钱给我充话费？"这位老师顿时傻眼了，心想，哪有家长直接向老师借钱的？有老师点拨她说："这位家长见你年轻，不好责怪，其实他是在委婉地告诫你以后不要乱借钱给学生了，这样会助长学生乱花钱的毛病。"我从这件事上吸取了教训，以后再碰到类似情况时，我都要斟酌一番，先了解情况，再确定对策，同时做好善后工作。

## 缓一缓

当学生提出借钱要求时，我一般都以身边没有太多的钱或身边虽然有钱但我有急用的说法作为缓冲，在了解了学生借钱的原因之后，再确定是否借钱给学生以及金额。虽然学生借钱的情况各不相同，但大致可分为两种，一种是学生的自尊心很强，但家境不太富裕，确实碰到了难事急需用钱，不得已才求助于班主任；一种是学生的家境比较好，但平时开销无节制，到月底口袋空空，连吃饭都成问题，同学知道其老底，都不愿意借钱给他，于是他只好把目标转向老师。

## 谈一谈

我的原则是对花钱比较厉害的学生只给一次机会，并要求其打借条，这不是担心学生赖账，而是提醒学生要合理花钱。在学生第二次借钱时，我就发短信告诉他："我不能再借给你了，你应该学会合理开销。"然后我会找一个适当的机会与学生推心置腹地长谈，帮助学生分析哪些钱该花，哪些钱不该花，教学生正确理财。对那些家庭确实困难，而且花钱合理的学生，我肯定会借钱给他们。同时，我还会想其他解决办法，比如，在征求学生同意且不耽误学生学习的情况下，推荐他们到学校勤工助学。另外，引导他们正确看待贫穷，让他们认识到贫穷也是一种财富、一种无穷的动力，人们可以靠知识和努力改变贫穷的状况，以此消除他们的心理障碍，帮助他们树立正确的世界观、人生观、价值观。

## 观一观

对那些花钱不合理的学生，在借给他钱后，应暗中观察，如果发现他积习难改，应该提醒他合理花钱。另外，还可以让学生利用节假日调查父母、亲戚是如何维持一家开支的，然后围绕"提倡节俭，体谅父母，学会感恩"召开主题班会，在全班开展"比一比，看谁花钱最少"的活动，当然必要的开支除外。同时，还要与家长保持密切联系，以取得家长的支持。

  现在的学生大多是独生子女,他们中的很多人缺乏设身处地为他人着想的意识,觉得花父母的钱是天经地义的。一旦自己的要求得不到满足,生气不搭理家长是常事,有的学生甚至离家出走,以死相威胁。而且随着年龄的增长,很多子女不愿意主动跟父母沟通。学生一年中有大部分时间是在学校度过的,因此,教师尤其是班主任要善于抓住每一次教育机会,引导学生健康成长。如教师通过妥善处理学生借钱这一问题,可以使学生树立诚信意识,约定什么时候还,就要求学生必须在规定时间内还清;培养学生的节约意识,让学生学会科学理财,杜绝盲目攀比,摆脱物欲的束缚,增强自控能力和自律能力。对于部分贫困学生,班主任尤其要引导他们正确看待金钱问题。

(作者单位　江苏阜宁高等师范学校)

第八辑

特殊学生教育

# 后进生转化"偏方"

古明秋

在长期的教育实践中,我总结了转化后进生的几味"偏方",并将其运用到班级管理中,屡试不爽。

## 一、无目的家访丸

[主要成分] 没有目的的家访、闲聊,只言片语的关切。

[药理作用] 通过无目的家访,使学生产生触动,明白老师并不是他们所想象的只在乎优秀生,而不关心自己,从而拉近师生间的距离。

[功能主治] 加强师生间沟通,拉近心理距离。适用于见到老师就躲、对什么都无所谓、对老师有偏见的学生等。

[用法用量] 每月一次,2—3月为一个疗程。

[注意事项] 家访时,一定要表现得轻松、随意,尽量不谈学习成绩、学生在校表现等敏感的话题。家访无需刻意,在散步、逛街、郊游完毕后顺便进行,效果更佳。

[禁　　忌] 忌家访时向家长告状。

## 二、赏识汤

［主要成分］针对具体事件给予学生的肯定、鼓励和表扬。

［药理作用］仔细观察，努力寻找学生的闪光点，然后大力宣传学生的闪光点，从而使学生重树信心，彻底转化。

［功能主治］消除自卑心理，增强自信心。适用于表现平平、学习动力不足、自卑的学生。

［用法用量］仔细观察"患者"在班级中的具体表现，一旦发现其闪光点便予以肯定，并注重表扬、宣传。小优点每天至少发现一个，大优点每周肯定一次。

［注意事项］忌大而空的随意表扬，忌为表扬而表扬，忌只表扬而不提出进一步的要求。

## 三、以毒攻毒胶囊

［主要成分］以假乱真的情景，恰到好处的点拨。

［药理作用］通过创造情景，让学生学会换位思考，真正明白"己所不欲，勿施于人"的道理，从而达到改正学生缺点的目的。

［功能主治］消除自私心理，改正缺点。适用于自私、以损人利己为乐、大错不犯小错不断、屡教不改的学生。

［用法用量］根据"患者"的具体症状而定，自私者使其饱受自私的痛苦，喜欢损人者让其体会被损的滋味。

［注意事项］此"胶囊"有一定副作用，不到万不得已不得使用。使用时，不能过量或滥用。

［禁　　忌］忌在自尊心极强者身上使用，切勿体罚学生。

## 四、难得糊涂冲剂

[主要成分] 装糊涂，装不知情。

[药理作用] 明知学生犯了错误，但装作不知道，让他自己去想、去悟、去思考。

[功能主治] 助人自省。适用于自尊心极强，但偶尔犯点小错误，且犯了错误之后懂得自行改正的学生。

[用法用量] 宜偶尔使用。

[禁　　忌] 忌在犯了原则性错误的学生身上使用。

（作者单位　四川甘洛中学）

# 怎样应对难缠的学生

周传福　徐林峰

难缠的学生非常难对付，班主任往往耗费精力最多却又最难见效果，这让班主任十分头痛。

难缠的学生往往具有以下特点：学习不努力，成绩较差；经常违纪，且屡教不改，爱制造麻烦；逆反情绪强，缺乏合作精神；自卑心重，好讲歪理。对这类学生，老师们大多比较反感，从心理上就会排斥他们。一旦他们犯了错误，老师们往往会劈头盖脸地批评他们一顿，或者是通知其家长，或者是采取一些惩罚性措施。结果不但达不到教育的目的，反而会使事情越来越糟，管理难度越来越大。

其实，在教育过程中，老师们的一些不当态度，往往也是造成这些学生难缠的原因之一。

为此，我认为，老师们首先要端正态度，不能戴着有色眼镜去看这类学生，而应该努力做到"一看二慢三通过"。所谓"看"，就是了解、观察。要了解学生难缠的原因，摸清影响他们性格的因素，要观察他们的行为以及学习和生活习惯，只有这样，才能全面、深入地认识学生，才能找到教育的切入点和突破口。所谓"慢"，就是要沉着冷静，有耐心，不能简单粗暴地处理问题，要理性地对待他们，要有足够的信心教育好他们。所谓"通过"，就是要在感情上和心理上接受、容纳他们，要将他们置于关爱和教育的视野中，学会从他们的角度和立场来思考问题，而且在教育的方式和具体行为上要有亲和力，不要将他们推到自己的对立面。

其次，还要有恰当的方法。仅有正确的态度，而没有恰当的方法，也不能收到良好的教育效果。简单的批评教育对他们来说根本起不了什么作用，我们要针对难缠学生的特点，以"缠"制"缠"，要采用迂回曲折的方法，使他们主动改正缺点和错误，从而健康地成长。在十几年的班主任工作中，我总结出了一些行之有效的办法，在这里介绍给大家，供大家参考和借鉴。

## 欲擒故纵，围魏救赵

欲擒故纵，兵法上言"紧随勿迫，累其气力，消其斗志，散而后擒，兵不血刃"。古人按语说："所谓纵者，非放之也，随之，而稍松之耳。"将这种策略用于教育学生，就是说对那些常犯错误而又屡教不改的学生，可以进行适度的冷处理，以减轻他们被关注的程度，使他们因遭受"冷落"而感到失落，从而在违纪方面"松之"。这种策略主要适用于那些自卑心理较重而又喜欢通过制造事端来引起他人注意的学生。但需注意的是，"所谓纵者，非放之也"，仅仅是"稍松之耳"。教师应外冷内热，当"冷"到一定的程度时，就应及时采取一些必要的辅助措施进行引导和督促，以使他们明确地感受到老师的目的和态度，从而在老师的暗示性教育行为的感召下，改正自己的缺点和错误。

具体做法就是，当这类学生违纪时，教师不要马上表现出高度的关注，更不要怒形于色，大发雷霆，而是要静观其变，待其心理防备消失后，再采取相应措施；教育学生时要刚柔并济，多管齐下，乘势进行适度的训导。这样做的效果往往要比心急火燎的训斥好得多。

同时，我们还应注意到，那些经常违纪的学生大多对老师的管教怀有强烈的抵触情绪。在这种情况下，老师如果强硬地管教，往往会收到事倍功半的效果，甚至会让情况越来越糟。因此，教师在策略上应避实就虚，采用"围魏救赵"之计，以达到说服教育的目的。古人云："治兵如治水：锐者避其锋，如导疏；弱者塞其虚，如筑堰。"其实，教育学生如同治水，也应采用"导疏"、"筑堰"之策。

具体做法就是避实就虚，攻其要害，通过外围工作来达到说服教育的目的。在工作中，老师们要注意了解学生的人际关系和爱好特长，要注意从侧面来进行教育劝导。老师可以先与学生信赖的人、亲近的人沟通，然后让他们来协助老师做工作。或者是就学生的某一爱好特长与学生达成共识，甚至成为学生的知音，从而消解学生的抵触情绪，最终做好他们的思想工作。也可以针对学生性格方面的某一弱点，给予特别的关心和照顾，使其对老师产生信任感，从而从情感上瓦解抵触情绪，达到教育和转化的目的。

## 敲山震虎，暗渡陈仓

对学生的管理不能一味地"柔"，过分的"柔"有可能让学生误认为老师软弱可欺，从而助长他们的恶劣习气。尤其是对那些难缠的学生，更不能过分的"柔"，否则，将被他们"缠"住，使工作陷于被动。老师应该柔中有刚，恩威并用，该发威时就发威，以威慑恶，以威树威，但在具体的工作中,并非处处要硬碰硬地正面强攻,很多时候需要"敲山震虎",营造一种气势,以遏制难缠学生的不良势头。"敲山"的方式有如下三种:第一,针对难缠学生的一些不良个体行为,面向班级全体学生进行不点名批评,在班级内营造遏制不良势头的氛围。第二,用批评与他们有类似过错的其他同学的方式来警示他们,听上去是在讲"面"的问题,实际上是在旁敲侧击地对"点"进行暗示。第三,从难缠的学生的小错入手,暂且回避大的问题,在小错上大做文章,让其明白小错尚不放过,大错更应当纠正。需要注意的是,"敲"过之后一定要留心"震"的效果,要及时地对学生进行引导和督促,防止出现"敲"而不"震"、"震"而无用的现象。

当然,"敲"也要瞅准火候,把握好力度,既不能盲目地"敲",也不能"敲"得太轻或太重,否则,可能出现事与愿违的情况。

当我们面对难缠的学生的时候,往往较多地注意他们的缺点和不足,而忽略了他们的优点和闪光之处。其实,他们身上的那些在我们看来可能微不足道的优点和闪光之处,对老师们做好难缠学生的思想工作非常有用。老师们只要适当放大这些亮点,明修栈道,出其不意,就可达暗渡陈仓之功。具体工作中可采取以下做法:第一,抓住亮点,给予及时表扬和鼓励,让学生感觉到自己在老师心目中并非一无是处,老师还是欣赏自己的,从而对老师产生信任和亲近之感。待机会成熟时,再指出学生的缺点和错误,并引导其改正,或许到时候不用你引导,他们就会自觉地改正错误。第二,不当面夸奖他们,也不在公开场合表扬他们,而是在他们的亲人和好友面前表扬他们。亲人和好友自然会将那些表扬的话转达给他们,这种曲折的、间接的表扬具有更强的心理穿透力,老师只需静观其变。第三,在适当的时候,安排他们做一些轻而易举的事情,然后在公开场合及时表扬他们,或者让他们做一些其他人做不好或不会做而他们却能做好的事情，使他们获得成就感。这些都是以正出奇、以正纠偏、以正取胜的策略，如果加以合理使用，一定会取得理想的效果。

## 釜底抽薪，因势利导

釜底抽薪，古人按语说："水沸者，力也，火之力也，阳中之刚也，锐不可当；薪者，火之魄也，即力之势也，阴中之阴也，近而无害；故力不可当而势犹可消。"锅里的水沸腾，是靠火的力量。沸腾的水和猛烈的火是势不可挡的，然而产生火的原料薪柴却是可以接近的。此计用于军事方面，是指对强敌不可用正面作战的方式，而应该避其锋芒，削减敌人的气势，之后再乘机取胜。此计用于教育学生，则是指采用攻心策略，消减学生恶习的锐气，从而使学生不断地完善自我。

难缠的学生，大都有些锋芒，显得非常有"个性"，在那些常违纪的学生中有比较好的人缘，甚至有一批追随者。与其正面折其锋，伤其芒，压制其个性，不如使其隐其锋，收其芒，培养其积极的个性。"抽薪"时，要注意以下事项：首先，要做好他身边同学的工作，削弱直至瓦解其"群众基础"。其次，要回避正面冲突，使其锋芒自然软化，必要时老师甚至可以退避三舍。最后，通过给他们提供适当的发泄机会和渠道，使他们走向冷静和理智。当他们的理性逐渐觉醒的时候，老师们因势利导，就可以轻松地将他们引向健康发展的道路。

以上这些策略均是以虚攻实，打的是外围战。但从根本上来说，作为教育者，我们的内心应"实"，也就是说，我们的内心应坦荡、诚挚，要怀着一颗爱心来对待学生。我们的目的不是打击和征服，而是教育和转化，任何手段都应服从于目的。再难缠的学生也是学生,再难缠的问题也得处理。当我们怀着一颗爱心真诚地做事、踏实地工作时,或许我们就不会觉得学生难缠了。

(作者单位　山东济宁市实验中学)

# 三大班主任比巧计

唐勇斌

"三个臭皮匠,顶个诸葛亮。"现在三个班主任凑到了一起,简直个个都是诸葛亮。这不,一谈起怎样把三十六计中的谋略运用到日常的学生管理中这个话题,班主任们滔滔不绝。

## "暗渡陈仓"出奇兵

"我先来说说!"年过半百的赵老师点了一支烟,慢条斯理地开了口。赵老师是教数学的,素以思想缜密、考虑周全闻名全校。

"那天上午,我第一次去五(7)班上课。那可是一个难缠的班,班上全校出名的调皮鬼就有七八个,捉弄新老师是他们的拿手好戏。为防有诈,我故意把教材放在前门旁边的窗台上,装作要从前门进的样子。上课铃一响,我趁学生没注意,悄悄地从教室后门进去了。你们猜怎么着?后面的学生诧异地看着我,前面几个调皮鬼正伸着脖子朝前门外看,等着我掉进他们的陷阱呢!我仔细一看,果然,黑板擦被他们支在了前门上,他们就等着我推门进来,然后看我满头粉笔灰的狼狈样!

你们猜我会发火,对吧?我才不呢!我先轻轻地咳嗽了一声,然后走上了讲台。我偷偷地往下一看,心里乐了!然后我说,我忘了把教材带进来，你去帮我拿来。那个被我叫到的小调皮鬼不情愿地往前门走，一推门，大家都笑了！还别说，这个见面礼真不错！一下子就拉近了我与学生的距离……"

## "欲擒故纵"有特效

"赵老师揣着明白装糊涂，事情处理得真不错！不过，还是没我的精彩！"教自然的钱老师故弄玄虚地眨眨眼。

"那天下午的第一节课是我的自然课，离上课还有十分钟时我得到了一个'情报'，调皮鬼小丁不知从什么地方弄来了一只大蝗虫，正准备放到同桌小姑娘的书包里。赶紧把他找来骂一顿？没有，这是下下策。我运用了'欲擒故纵'之计，最终让他乖乖地为大家服务。

那节课上我临时改变了教学内容，你们猜改成什么了？我上了一节昆虫解剖课。我站在讲台上对大家说：'同学们，今天我们应该感谢小丁同学，他知道我们今天要上一节昆虫解剖课，于是为我们找来了一只大昆虫——老师我可是找了一天都没找到呀！下面就请他把昆虫献出来！'

在同学们热烈的掌声中，小丁满脸通红地站起来，然后把一个纸包送到了讲台上。我轻轻地打开纸包一看，好大的一只蝗虫，也真难为他了。那节课上我表扬了他两次，第一次他满脸的不好意思，第二次他脸上露出了微笑。课后，他找到我，告诉我以后需要帮忙时尽管找他，并表示再也不搞恶作剧了！想到他的转变，我心里非常高兴。"

## "假痴不癫"显智慧

"太精彩了！"教语文的孙老师由衷地说，"我也想告诉大家一个真实的故事。"

"那是我接手现在这个班之后上的第一节课。那天,我一进教室就看见黑板上有一幅画,画的显然是我的肖像,只是那可怜的家伙脖子上套着绳圈,画像下面写着'老师的遗像'。

我脑子'嗡'的一声,全身的血都往上涌,整个人仿佛变成了一个火药桶,只要一动就会炸裂开来。我愣了几秒钟,手在无意识地摆弄着教材,脑子却在飞快地转动着。经过几秒钟的思考,我理出了现在不能'爆炸'的几条理由:首先,我不知道这是谁的'杰作',如果我向全班同学发火,这将对大多数无辜的同学不公平,而这可能恰恰就是恶作剧者想看到的。其次,我刚接手这个班,很想给同学们留下一个好印象,如果发火的话,我凶神恶煞般的形象将会深深地留在学生心里。第三,如果我发火,十几分钟内课堂气氛将无法恢复到正常状态,这将会影响课堂教学。第四,这正是我运用智慧来化解危机、给同学们留下好印象的一个机会,我要让大家看看我的实力。

想到这里,我拿起黑板擦,并笑着说:'我给大家讲一个好笑的事,你们猜爱睡懒觉的我今天早上是怎么醒的?'学生们面面相觑,没有人回答。'我是被你们师母吓醒的,她大叫一声"天哪!我的金项链丢了……",于是我一下子从床上跳了起来!'我说,'金项链没丢,昨晚我看你趴在桌子上睡着了,担心会弄断它,就给你取下来了。'说到'取',我顺势就把画像脖子上的绳圈擦掉了。

我继续安慰她说:'好了,现在东西没遗失,你就别再露出一张苦瓜脸了,好不好?'说完,我望着那些愁眉苦脸、心惊胆战的学生们,还顺手把'遗'字擦掉了。这时,我才装作一副吃惊的样子,并大声说:'是谁画的呀?老师的画像,甭说,还真像我。不过,我们现在要上课,我不得不把它擦掉了,谢谢那位不知名的画家。好了,上课。'

几天后,我收到了一封匿名信,那位同学真诚地向我认了错。同学们都被我幽默的谈吐、宽广的胸怀深深折服,从此我的人气指数大幅上升……"

　　孙老师一说完，三位班主任便争论起来，他们都认为自己运用的计策最妙，可争论了半天，谁也说服不了谁。最后，他们商定，下次聚在一起时再接着往下说……


　　　　　　　　　　　　　　（作者单位　江西景德镇珠山教育局）

# 金钱不是万能的

徐初苗

"老师，不好啦！丁丁又把窗户的玻璃打破了！"一名学生风风火火地跑到办公室门口向我通报。

丁丁是我这儿的常客。这大半个学期以来，丁丁不断地给我制造各种各样的麻烦，而我对此竟无能为力。当然，这次我还是硬着头皮把丁丁"请"到了办公室。

丁丁面无愧色，一双小眼睛盯着天花板。我有些愠怒，但还是忍了下来，心平气和地问："丁丁，这是怎么回事呀？"我希望能在轻松的氛围下来讨论这次事件，想给丁丁一个台阶下。但丁丁似乎并不领情，嘟囔着说："不就是打破了几块玻璃……"他的言下之意是我小题大做了。

我对丁丁的不合作早有预料，于是我拉开抽屉，取出一份他的"肇事"记录，并将它摆在桌子上，说："这些也只是几块玻璃吗？"丁丁瞟了那本子一眼，撇了撇嘴，不以为意地说："老师，那些事都过去了，现在还抖出来干什么？"在他看来还是我不对。

"那不行，这账还是要一块儿算算的。"我随手翻了几页。

丁丁见我揪住他的"小辫子"不放，便利索地从裤兜里掏出一张五十元的钞票，说："老师，我赔还不行吗？"

看来丁丁这次是有备而来的，而我也知道这是丁丁的惯用伎俩。从打碎花盆到摔坏凳子，再到踩扁了人家的文具盒，他都主动要求赔偿，想"破财消灾"。但我认为这样做不妥，所以，每次都拒绝了他。

丁丁的父母常年外出经商，自小把他寄养在外婆家，唯一能给他的就是一张又一张的钞票。丁丁逐渐形成了不良的思想，认为什么事都可以用钱来解决。他常在学校里惹是生非，与同学关系紧张，成为班上的"难一号"。在接手这个班之前，我对丁丁的表现就早有耳闻，刚开始我与他约定，把他的这些事都记下来，随时提醒他，只要他改正了缺点，我就把本子毁了。我原本想给他施加压力，可到如今这份"账"越来越长，而他似乎还没有"买单"的迹象。在这期间我也曾与他的家长多次交流，一起寻求解决办法，可效果都不佳。

这次丁丁故伎重施，我知道再用老套路是不会有什么效果的，于是我破例收下了丁丁的那张钞票，当然不忘给他开收据。

见我收了钱，丁丁露出一脸的得意，说："老师，我能走了吗？"

"现在还不行。"我边说边把钱放进抽屉里。

听我这么一说，丁丁那双小眼睛瞪得大大的，似乎在说"怎么收了钱还不放人"。

我故意不去理睬他。我翻到记录本的最后一页，写下"钱能买到什么？钱买不到什么？"，并对他说："把这两道题答完了再走。"

丁丁很迷惑，不知我葫芦里卖的什么药。不过，为了能尽快脱身，丁丁还是拿起笔来答题了。他很快回答了第一个问题，写了一长串，却在答第二道题时愣了半天。

见此情景，我取过本子一看，他在上面写了"生命"和"美德"。我语重心长地说："丁丁呀，人离不开钱，但钱也不是万能的，许多东西并不是用钱就可以买到的。首先是'生命'，人的生命只有一次，当然不能用钱来买；然后是'美德'，美好的品德也是用钱买不到的。你想想看，还有什么是不能用钱买到的?"

丁丁似乎开始对这道题产生了兴趣,思索了一会儿,他又写上了"友情"、"爱"。

"丁丁,真聪明。你和老师想的一样,它们也都不能用钱买到。"我适时表扬丁丁。"丁丁,你觉得你的爸爸妈妈爱你吗?"我话锋一转。

听我这么一问,丁丁垂下了头,不一会儿,他的眼睛里闪烁着泪花,最后,他鼓起勇气,从嘴里蹦出两个字"不爱"。

"为什么呢?"我问。

"因为他们不关心我,从不带我玩,只会给我钱……"

我不想丁丁怨恨父母,于是开导他说:"丁丁,不是你的爸爸妈妈不爱你,他们所做的一切都是为了你呀!只是他们把爱简单化了,他们以为给了你钱,你就会快乐。其实钱是买不到爱的,也是买不到快乐的,你说对吗?"

丁丁点了点头,认真地说:"老师,现在我明白了,许多东西都是用钱买不到的,包括您对我们的爱。"

丁丁的话令我非常高兴。于是我趁热打铁地说:"丁丁,咱们一起去买玻璃,然后把它装上去,好不好?"

"好!"丁丁高兴地答应了。

中午,我和丁丁跑了一趟镇上,买回来两块玻璃,然后我们一起把玻璃装在了窗户上。

几天过后,我发觉那扇窗子特别亮。原来是丁丁有空就去擦那两块玻璃。望着亮堂堂的窗子,我真希望丁丁在擦亮玻璃的同时,也能擦亮自己的心灵。

(作者单位 浙江绍兴孙端镇中心小学)

# 让他充当"测谎仪"

陈　正

阿城，一个来自离异家庭的孩子。

他十分聪明，接受新知识特别快，但有一点不好的是，我从四年级起就开始教他，到现在五年级了，阿城几乎每天都不做作业。

为了让阿城改掉不做作业的坏习惯，我尝试过许多种方法，如，给家长打电话，放学后将阿城留下，让同学监督阿城做作业，与阿城签有关做作业的协议书，让阿城在班上公开做保证……这些办法刚开始还比较有效，但只管得了四五天，甚至只管得了半天。

我初步估算了一下，阿城为自己不做作业而找的理由不下三十种。而他不做作业的真正原因只有一种：想玩。玩是孩子的天性，但阿城由于缺乏家长的监督，玩得有些肆无忌惮。

我不愿看到阿城就这样荒废学业，更不想阿城在班里起一个坏头，但我束手无策，真不知该如何是好。我希望找到一个契机，并利用这个契机彻底转变阿城。

机会终于来了。一次，班里一位叫阿蓝的男生因拖欠作业而撒谎，我软硬兼施，阿蓝还是不说实话。当时，我气得头脑发热，就冲着正坐在座位上补作业的阿城说道："阿城，现在由你充当'测谎仪'，你测试一下阿蓝，看他是不是在撒谎。"

阿城一听，先愣了一下，又看我不像是开玩笑，就高兴地从椅子上蹦了起来，径直走到阿蓝面前，像专家一样缜密地盘问阿蓝。

"你究竟做了家庭作业没有？"阿城问。

"做了的！绝对做了的！我可以发誓。"阿蓝理直气壮地回答。

"你说你做了的，那作业在哪儿呢？"阿城诡秘地笑了一笑。

"在……在家里。"阿蓝说话开始变得不利索。

"别装了，阿蓝。要说找理由，你不如我。我给你编二三十条都可以。"阿城一针见血地说道。

阿蓝的头慢慢低下去了。"说实话吧，阿蓝。陈老师会原谅说实话的学生的。"阿城似乎忘记了自己也是一个有"过"之人，用真诚的语气劝说阿蓝。

"我没做作业！昨晚我和小区里的伙伴玩游戏去了。"阿蓝耷拉着头，小声嘟囔了一句。

望着阿城，我心里很高兴，心想："这小子，还真行！我问不出的话，他一问一个准儿。"

从这件事后，阿城在班里就享有"测谎仪"的美誉。谁撒谎，我便请阿城去测谎，到目前为止，还没有测错的。

说来也怪，自从当上"测谎仪"，阿城拖欠作业的次数近乎为零。在阿城当"测谎仪"最过瘾、最神气的时候，我对他说过这样一句话："如果你撒谎，'测谎仪'便会中病毒，用中病毒的'测谎仪'去测别人，就会出现错误，你'测谎仪'的英名也就会毁于一旦。"

看着阿城的转变，我非常高兴。老师们只要找准了方法，就一定能让学生彻底转变。

（作者单位　四川绵阳实验小学）

# 隐形的翅膀

张　红

非常值得庆幸的是，我选择了一份自己最喜欢的工作，成为了一名教师。在我教过的学生当中，有这样一个特殊的男孩子，第一次见到他时，我的心就不禁猛然颤抖起来，这是怎样不幸的一个孩子啊！右臂、右手和右腿严重变形，羸弱矮小的身躯显得非常不协调，瘦削的小脸上一双大大的眼睛胆怯地望着我。"你叫什么名字啊？"我轻声问。他摇摇头，没有回答我的问题，只是把头埋得更低了。

上天对一个年幼的孩子竟然如此不公！他以后怎么生活啊？我下定决心要让他快乐起来，要让他感受到爱的温暖。在以后的日子里，这个叫曾小伟的孩子成了我心中最大的牵挂。每一个清晨，每一个午休，每一个黄昏，我都陪伴在他身边，为他系鞋带，为他整理衣领，为他收拾书包，我要让他慢慢接近我、了解我、信任我。渐渐地，他不再排斥我，他看到我时，脸上会浮出笑容。"随风潜入夜，润物细无声"，不知从什么时候起，小伟的午饭有同学帮他打了，小伟的书包有同学帮他背了，小伟的书桌也有同学帮他清理了。

小伟的作业也越来越工整了，这对一个用左手写字的孩子来说需要付出多大的努力啊！每当看到他的作业本时，我都有些心疼，真想对他说

"小伟，少写点吧"。可是我不能，因为我明白他想让老师把他当作一个正常学生来看待，因此，在他的作业评语中，我经常写"小伟，你真棒，加油啊"。

小伟是从来不上体育课的，这在同学们和老师看来很正常。可是每次看到别的孩子都去上体育课了，而他孤零零地坐在教室里时，我的心里总是很难受。那次正好我们班上体育课，我不放心他，于是就匆匆往教室走去，远远地就望见走廊上有一个矮小瘦弱的身影，他正倚着栏杆眺望着操场上欢乐的人群。再走近一看，他仿佛完全沉浸在欢乐当中，如痴如醉，我从他那渴望的眼神中读懂了孩子的心。我冲过去，抓起他的手，说："走，小伟，咱们上体育课去。"他惊呆了，大大的眼睛疑惑地望着我，惊喜当中又有些不解，好像不相信我说的是真的。"老师，我能行吗？"他怯生生地问。"行，一定行！"第二天，我在他的作业中看到这样一段话："张老师，您知道吗？以前我连做梦都想和其他同学一样在操场上跑啊，跳啊，今天我的梦想终于实现了，我是多么高兴啊！晚上我兴奋得都快睡不着了。老师，您真好，谢谢您！"是啊，孩子的身体虽然残疾了，可他的心并没有残疾，他和其他身体健康的孩子一样渴望自由，渴望像小鸟一样飞。从那以后，无论是合唱比赛、体育节还是艺术节，只要我们班参加，里面就会有曾小伟的身影。

毕业后，考上老家海南高中的小伟给我来信了。他在信中写道："老师，您放心，我已经长大了！我已经能够坚强而快乐地面对属于我的生活，是您给了我一双隐形的翅膀！"

(作者单位　广东深圳福田区南华中学)

# 戒烟记

张蕴辉

接班之初,有很多老师给我打预防针,说这是全校有名的乱班,全年级的捣蛋鬼都在这个班上。但有着多年班级管理经验的我对管好这个班级还是比较有信心的,我相信"精诚所至,金石为开"的信条,相信只要动之以情,晓之以理,就没有攻不破的难关。

和这个班的学生朝夕相处一段时间后,我发现有时真情并非万能钥匙。有的学生稍有转变,过不了几天又故态复萌,于是你不得不从头再来;有的学生根本就不听劝告,我行我素。单是胡同学的吸烟问题,就让我大伤脑筋。

刚上几天课,我就发现学生胡某几乎每次一下课就往外冲,上课铃响后才匆匆忙忙跑进教室,刚开始我问他原因,他以上厕所为由搪塞我,我信以为真。他也信誓旦旦地保证不再迟到,但不久后我发现他食言了。经过调查我了解到,他之所以一下课就往外冲,是因为想吸烟。掌握情况后我趁开家长会的契机单独和他母亲进行了交流,本想先得到家长的支持,然后大家共同帮助他改掉这一劣习,没想到还没等我说完,他妈妈就说自己早就知道了,并说这孩子从小学就开始吸烟,家长刚开始还管,后来见实在管不了就限制他每天吸烟的数量,现在家长因为担心他没钱吸烟而去偷摸，只好给他提供买烟的钱。家长泪流满面地向我倾诉着，承认家庭教育的失败，我的心被深深地触动了。我想，作为一名班主任，我要对学生负责。我暗下决心，一定要尽自己最大的努力帮助他改掉这一不良嗜好。

  首先，我找到和他比较要好的同学，了解他吸烟的数量以及吸什么牌子的烟。然后，我精心准备了一节班会课，班会的主题就是"吸烟有害健康"。在班会上，我播放了有关吸烟的危害以及世界卫生组织发布的全球每年因吸烟而死的人数的统计资料，同学们也积极发言，并列举身边的事例来说明吸烟的害处。这堂课上他听得很认真，下课后我发现他不再像以前那样迫不及待地往外冲，他望着我，一副欲言又止的样子。于是我以让他去办公室拿作业本为借口，把他叫到了办公室。到了办公室后，他的第一句话就是"老师，吸烟真的有那么大的害处吗"。"是的，抽劣质香烟的危害会更大。"他踌躇了一会儿，最后好像下定了决心，说："老师，您帮我戒烟吧？"我假装不知道，问："你抽烟吗？""老师，我从小学就开始抽，现在每天要抽一包烟呢！我估计我的肺现在已经变黑了。"我真诚地说："老师很高兴，因为你对老师说了实话。老师相信，只要我们共同努力，就会达到目标……我建议你从明天开始每天少抽两支烟，以后逐渐减量，你看怎么样？"他诧异地看着我，然后使劲地点了点头，我又加了一句"君子一言……"，他自信满满地接上"驷马难追"。"咱们击掌为誓！""行！老师您就放心吧！"望着他远去的背影，我的心情并不轻松，戒烟对成年人来说都是一件难事，对一个定力并不强的青少年来说更难！

  果然，两天后，他又故态复萌，还像从前一样一下课就往外冲。我知道要想帮助他彻底戒烟，还要借助外力。于是我调整了座位，在他前后左右都安排了女生，并且特意安排了一个性格开朗、品学兼优的女生和他同桌。我专门给这些女生开了一个会，大家群策群力，共同制订了一个帮他戒烟的计划。

  第二天早晨，他惊讶地发现桌子上有一瓶口香糖，同桌对他说："你以后抽完烟必须嚼两颗口香糖，否则不要和我说话。"前后左右的女生也纷纷说受不了他的烟味，要他少抽烟，勤换衣服。下课后，他还是想出去，但是因为他的座位在里面，想要出去的话必须经过同桌的座位，或者把桌子向前或向后移，女生们故意说说笑笑，就是不给他让路，第一个课间就这样过去了。接下来是大课间，他趁下操的时间抽了一支烟，回来后，同桌甩给他两颗口香糖，前后左右的女生都捏着鼻子，还抱怨他，我看见他低下了头。以后只要发现他抽烟，女生们就一致声讨他。我还暗中叮嘱和他要好的同学，一旦发现他抽烟，就用开玩笑的方式把烟从他手里抢过来扔掉。我还不时地亲自检查他的衣服口袋和桌斗，一旦发现有烟就没收，当知道他某一天抽烟比较少时就大力表扬他。在师生的共同努力下，他不仅成功地戒烟了，而且学习成绩也有了较大的提高。

　　高考结束后，这个阳光男孩拿着心仪已久的大学录取通知书向我报喜，望着他的笑脸我也欣慰地笑了！

（作者单位　北京通州运河中学）

# 向空椅子倾诉

沈晓莺

一天，小A向我报告，说他少了一块橡皮擦。唉，班里总有学生丢东西，开学到现在才一个月，可这样的事情却已经发生十多起了。

我跟班里的孩子虽然才认识一个月，但我对他们已经有比较全面的了解。看到小B和小C躲闪的目光，我猜想这事可能与他们有关。他们都是离异家庭的孩子，我不想再让他们的心灵蒙上阴影。记得小时候，老师曾抓过一个偷别人钢笔的小偷，并在班上进行了公布，至今我还觉得那个同学的眼神有些闪烁。我不想伤害学生，但我必须教育他们。

我看了看孩子们，说："老师已经找到了小偷！……"我的话还没说完，教室里顿时像炸开了锅。我示意他们安静下来，说："同学们，现在可以想一想你想对小偷说哪些话，五分钟以后，每个同学把这些话说给小偷听。"

五分钟很快就过去了，孩子们不用我提醒就安静了下来，那一双双眼睛充满了期待。我从墙角拿了一把空椅子放在讲台上。孩子们眼睛一眨也不眨地盯着我。"孩子们，小偷已经抓到了，他现在就坐在这把椅子上，虽然我们看不见他，但是他能听到我们讲话。""哦……"教室里又是一片嘈杂，孩子们显然失望极了，但他们还是按小组轮流教训"小偷"。有一个女孩说:"小偷啊,我的那个笔记本是一个好朋友送的,她现在已经转学到了上海,说不定我们以后再也不能见面了。我真的很想念我的笔记本。"说完,小女孩的眼睛红红的,快要哭出来了。有一个小男孩说:"小偷,你偷走了我的一元钱,那是我乘公交车的钱,你害得我那天走路回家,我走了40分钟呢,脚都起泡了。"……

孩子们你一言,我一语。轮到第三组发言时,他们已经把空椅子当成真正的小偷了。小F说:"你这个小偷,虽然没有拿过我的东西,但是这种坏习惯对你没有好处,如果不改的话,长大后你会变成真正的小偷的!"小G说:"你的这些行径一旦被人发现,你肯定就没有朋友了。没有朋友的日子是无法想象的。"最激动的是小H,他用手指着椅子狠狠地说:"你这个小偷,如果再这样下去,你以后会坐牢、蹲大狱的。"

我用余光扫了一下台下的小B和小C,他们虽然装作若无其事,但眼中分明有不安和紧张。

最后我总结道:"刚才同学们都发表了意见,小偷小摸的习惯确实不好。我希望有这种坏毛病的同学及时改正。"

让我感到欣慰的是,从那以后班里丢东西的现象再也没有出现过。

我想孩子都是纯真的,有时他们可能分不清是非,或是他们知道是非,却控制不住自己。我们做老师的要维护孩子的自尊,不能让孩子幼小的心灵留下永远的伤痛。所以,我们不能像警察那样直接揪出小偷,我们要用智慧来纠正孩子的不良行为习惯。比如,用向空椅子倾诉的方法,既保护了孩子的自尊,又教育了孩子,我想这就是教育上的成功。

(作者单位　浙江杭州余杭育才实验小学)

# 巧妙处理失窃事件

汤成标　章桂梅

在班主任工作中，处理学生失窃事件是非常棘手的。盗窃行为从法律上讲是一种犯罪行为，理应将此类事件交与公安机关处理，但考虑到嫌疑人的学生身份，班主任在处理此类事件时，往往重在"治病救人"、找回钱财，不会以公安机关的办案方式来处理。但这样又容易使嫌疑人蒙混过关，还容易使学生互相猜忌，不利于班风建设。

若发生了失窃事件，班主任应巧妙处理。以下是众多同仁多年积累的宝贵经验。

## 经验一：息事宁人

晚自习时，有个学生发现失窃，于是锁定嫌疑人就在本班。学生们都建议搜！班主任关上了所有的灯，教室里顿时一片漆黑。这时，班主任命令学生都翻抽屉而且声音要大，然后让学生轮流到失主的桌边走一趟。开灯后，失主找到了失物。

评价：巧妙地帮助失主找回了财物，并且维护了学生的自尊，效果上佳！

适用范围：发生在教室、宿舍等封闭场所内的即时失窃事件。

## 经验二：攻心为上

一学生的钱被偷，一周后班主任将目标锁定在其室友身上！考虑到学生可能会将偷的钱花掉，班主任将学生聚在一起，要求每个人写出父母或其他人给了自己多少钱，本周花了多少，分别买了什么，列出明细账，并要求收支平衡。班主任与家长一一进行核对并做记录。对照两份记录之后，班主任宣布已经找出了嫌疑人，但并未公布名字。一天后班主任让这几个学生依次到一间暗室去。果然，不知哪个学生将钱放在了暗室里。

评价：操作时要细心、谨慎，效果较好。

适用范围：在小范围内发生、涉及人员较少的失窃事件。

## 经验三：亡羊补牢

盗窃事件发生之后，班主任一定要做好三个方面的工作：一是安抚失主，详细调查失窃事件的每一个细节，最好将调查过程记录下来并让学生签字，以备日后之用；二是平息猜忌。班主任应公开阐明，人人都有嫌疑，人人都有揪出小偷的义务，胡乱怀疑是一种不负责任、破坏团结的行为，是对他人的一种伤害；三是做好被怀疑对象的思想工作，尤其要关心那些心理素质差、有"前科"学生，这一点很重要。曾经有一个宿舍失窃，大家都怀疑一个有"前科"的学生，该学生不堪重负，居然割腕，打算以死来对抗无端的指责，幸好及时发现才没酿成惨剧。

## 经验四：谨防受骗

现在的学生大多是独生子女，花钱大手大脚、不知何为节俭者大有人在。有的学生将钱挥霍一空后不知如何向家长交代，便心生一计：失窃了。这类学生一般有如下共性：家庭条件较好，花钱大手大脚，失窃后说不清具体时间和地点，经常失窃，失窃之后并不太懊恼，甚至有轻松之感。遇到这种情况时，你可以先向其家长打听他的经济状况，然后从同学处得知其消费状况，接下来让他开出消费清单。

## 经验五：得过且过

我认为，处理学生失窃事件时最忌"水落石出"。一旦查清嫌疑人并将此事通报全班甚至全校，也许会影响他的一生，所以，在万不得已的情况下，班主任才能公布嫌疑人。我清楚地记得，我刚参加工作时曾经巧妙地处理过一则失窃事件。那届学生毕业后，我收到了一封匿名信，信中他表达了对我的感激之情，并且透露，如果那时我公布了他的名字，他很可能就会选择自杀！看了这封信后，我既感到震惊，又感到庆幸。

（作者单位　江苏沭阳师范学校）

# 教育比"破案"更重要

程 伟

我最近偶获三则案例,思忖几日,感慨颇多,深觉教育是一项充满智慧与艺术的事业。

[案例一] 一天,小军同学的钱夹子不翼而飞。刘老师把全班同学集合起来,问:"有谁看到或拾到了小军的钱夹子?"大家都说没有。刘老师只好又说,如果谁拾到的话,请立即归还给小军。可大家还是说没有看到。这时刘老师又换了一种说法:"如果有人拾到了,但现在不好意思拿出来,回家后好好想想,明天早上送到我这里也不迟。"第二天早上,仍然没有人把钱夹子送来。

[案例二] 小学一年级的班主任王老师为了"侦破"班里的失窃案,给每位学生发了一根一样长的小棍子,让学生把小棍子拿在手里,并把手放在课桌下面。他说:"这些小棍子是被施了法术的,谁拿了别人的钱,他的小棍子就会长长。"过了五分钟,他收回学生手中的小棍子,收一根比一根,终于破了案——有一个学生的小棍子比别人的短了一截,因为他怕自己的小棍子长长,所以暗中掐掉了一截。

[案例三] 周老师班上一位学生的20元钱不知被谁"拿"走

了。周老师让大家围绕下列问题进行讨论：假如这20元钱是我丢的，我会怎样？如果有人拿了或拾到了，但不归还给失主，这是一种什么行为？长此以往将会有怎样的结果？犯了这种错误，该怎么办？大家踊跃发言，各抒己见。然后，周老师发给每人一张小纸条，并告诉学生，如果没拿这20元钱，便写上"我没拿"三个字及自己的名字，如果认识到了自己的错误，便写上"我错了"三个字。对于小纸条上的内容，学生不准偷看，老师将绝对保密。最后，有一个学生在纸条上写了"我错了"三个字，并主动向班主任讲了事情的经过，还把钱如数还给了同学。

班主任想通过处理这类事件达到两个目的：一是弄清事情的真相，二是教育学生。但如何才能使犯错的学生既不失"面子"，又受到教育？案例一中的刘老师采用提问的方法，先直截了当地问，继而委婉地问，最后消极应对，结果当然是一无所获。刘老师的这种处理方式过于普通，学生对此习以为常，尤其是会让那位拿了或拾到钱夹子的学生产生"我如果承认就会在全班同学面前丢面子"的心理，因此，他绝对不会在这种情况下主动交出钱夹子。

从结果来看，案例二中的班主任王老师似乎达到了预期的效果。但细细思量他的整个教育过程之后就会发现，"骗"贯穿始终，这是一种教育欺诈。学生将小棍子掐去一截，这说明他还是有自尊心的，他不想老师将自己"拿"钱的事在全班同学面前公布，而王老师却用"骗"的手法来"破案"。也许，这位学生以后在同伴们面前再也抬不起头来；也许，这位学生暂时改掉了"拿"东西的毛病，但他从老师身上学会了"诈骗"的伎俩。

教育的功能在于引导、纠偏和提高。对于这些"拿"别人东西的学生，教育者既要保护他们的自尊心，又要诱发他们的内疚感，还要帮助他们改正错误。为此，案例三中的周老师先让学生讨论，然后让学生在小纸条上写字，这样的做法取得了不错的效果。在前两个例子中，犯了错的学生一直处于紧张、没有安全感的氛围中。而案例三中的讨论环节，则淡化了教育的痕迹，并使犯了错的学生和其他同学处于平等的地位。在讨论过程中每位学生都会受到不同程度的教育和启发，特别是犯了错的学生会产生心灵的触动。周老师处理这件事情的巧妙之处就在于，在答应保密的前提下，让学生在小纸条上写字，这既具有一定的隐秘性，又带有一定的游戏色彩，会使小学生产生某种外在的愉悦；另外，讨论环节撞击了犯了错的学生的心灵深处，使他获得了某种类似于正义战胜邪恶的内在愉悦，因此，他很自然地认错了，而且会彻底改变这种不良行为。

（作者单位　江苏如皋磨头小学）

# 用"心"面对"坏"学生

王梅南

班主任最怕的不是学生的成绩不好,而是学生的行为习惯差。当了班主任之后,你大部分的时间将花在与学生的"较量"上,而学生的我行我素、反复无常有时会让你无可奈何甚至无法忍受。面对这样的学生,班主任积极调整心态,走出情绪的低谷就显得尤其重要。我认为,一个积极的班主任应该做到以下几点。

## 1. 给自己一个理由,产生一种决心

美国心理学家威廉·詹姆斯有句名言:"人性最深刻的原则就是希望别人对自己加以赏识。"学生需要在赏识中不断成长,同样,教师也需要别人的赏识。

对一个生活在社会中的个体而言,促使其生活、工作的动力主要来源于他对人生的坚定信念和热忱希望。我接了一个后进生较多的班级,周围同事这样说道:"你真是'幸运',接了这样一个班!"此时,我的心里很不是滋味,更有一种愤愤不平的感觉,但越是这样想,工作就越不顺利,一切好事都会离我远去。之后,我转念一想,我能辞职不干吗?我可以撒手不管学生吗?既然不能,还不如放下包袱,积极地投入到工作中。积极的人像太阳,照到哪里哪里亮;消极的人像月亮,初一十五不一样。所以,

我总是给自己一个理由，让自己产生一种决心——一定要把工作干好的决心。学校领导让我管理后进生比较多的班级，这说明学校领导信任我，我不能把这种信任当成不平。有了别人的赏识和自我肯定，我们就能理智地面对问题，心平气和地接受现实，这样一来，工作情绪就会稳定，工作热情就会高涨，工作效率也就会提高。

**2. 给自己一份安慰，增加一份信心**

苏霍姆林斯基说："教育才能的基础在于深信有可能成功地教育每个儿童，我不相信有不可救药的儿童、少年或男女青年。"要承认每一个孩子都有自己的缺点，但更要相信通过自己的教育，孩子会有所改变。

后进生转化是班主任工作的一个重点。转化一个后进生比培养一个优秀生更难，后进生所表现出来的行为常常会让你想发火。然而，发火并不能解决问题，反而会使学生产生一种逆反心理。"南风效应"告诉我们：真诚、温和的激励比粗暴的呵斥有更好的效果。所以，班主任要拿着"放大镜"努力去寻找和发现后进生的长处和闪光点，并不失时机地加以肯定和表扬，这样，既可以激励后进生不断进步，又可以使自己增加信心。面对着有较大转变的学生，班主任往往会这样想：在我的教育下，他改变了，这就是我的成就，也是我人生价值的体现，我要做得更好。

小A上课时经常讲闲话、开小差，正当我黔驴技穷的时候，我发现他喜欢做实验，动手能力比较强。于是一次实验课后，我告诉他，实验要列入升学考试范围，只要认真听，仔细做，他绝对没问题。以后的实验课上小A都很认真，实验成功率也很高，我当着全班学生的面表扬了他。其实，对于一个学生来讲，听好课、做好实验是理所当然的事情，然而，对于一个行为习惯较差的学生而言，他能有如此大的转变非常不容易。我感到很欣慰，觉得我的教育没有白费，我相信他以后会有更好的表现！

**3. 给自己一个台阶，保持一颗宽容心**

孙子说："百战百胜，非善之善者也；不战而屈人之兵，善之善者也。"

对那些常犯错误的孩子，如果不用制度去惩罚他也可以达到教育的目的，那是最好不过了。

违反纪律的学生受处分可以说是天经地义的事。国有国法，校有校纪，班有班规，没有规矩不成方圆。但对某些学生来讲，违反纪律是常事，如果经常对他们进行处分，不仅起不到什么效果，反而会让学生产生对立情绪，使老师没有台阶可下。此时，我们不妨试着去理解、包容学生，给学生一次机会，因为"有时候宽容引起的道德震撼，会比惩罚的作用更加强烈"。

离中考只有五天了，小 B 竟然还在语文课上看漫画书，语文老师发现后，叫她交出漫画书，她却死活不肯，语文老师和小 B 僵持不下。按照班规，如果学生在课堂上看与上课无关的闲书，一要没收书籍，二要通报家长。可以想象，如果班主任在这中考的关键时期将此事告知小 B 的家长，家长一定会大发雷霆，这也是小 B 死活不肯把漫画书交出来的原因。想到这儿，我走到小 B 面前，说："如果你相信我，就先把书给我，老师不告诉你父母。等中考结束后，我会把书还给你的！"小 B 抬头看了看我，然后将漫画书交到了我手中。接下来的课堂上，小 B 总是用期盼的目光注视着我，我也用真诚的目光回视她。她的心情比以前好了许多，听课也特别认真，中考时发挥得比平时都好。

班主任要有一颗宽容心，要允许学生犯错误，更要给学生改正错误的机会。

### 4. 给自己一道曙光，坚守一种恒心

马卡连柯说："教师的心应该充满对每一位他曾与之打交道的具体孩子的爱，尽管这孩子的品质已经非常败坏，尽管他可能给老师带来许多不愉快的事情，教师要以自己美好的感情去教育他。"是的，即使孩子现在没有改变，也要抱着希望关爱他的未来。

俗话说："冰冻三尺非一日之寒。"改变后进生的行为习惯不是一朝一

夕的事情，也许要一年、两年，甚至更久。在此期间，后进生的行为习惯还会出现反复现象。面对这种情况，说实话，做班主任的会很烦，甚至有想放弃的念头。但教师的良知和责任感告诉我，不能这么做！于是，我们不妨给自己一道曙光：虽然他现在不接受、不改变，但将来一定会改变！我希望教育像一杯醇酒，时间愈长味道愈香浓！

小C因一件小事把同学的头部打伤了，我忙了三个星期才让事情得以平息。在这三个星期内，我天天忙得焦头烂额，体重也一下子轻了五斤。为了让小C吸取教训，学校给他记过处分。可没想到，三个月后，小C又与别班的同学在食堂里打架，政教处的老师、双方家长又是一番调解。本想小C这下该吸取教训了，谁想到，一个月后，他竟然无故离校出走！当时，我真觉得他是一个无可救药的学生，不想再管他了。可是，我耳边总有一个声音不断地响起：将来他会改变的，总有一天他会体会到你的一片苦心。于是当晚，我和几位老师凭着仅有的一点线索，到各个游戏场所去找，终于在晚上八点多找到了他。看到一脸疲惫的老师们，他惭愧地低下了头。

当困难降临时，不妨给自己一道曙光，让自己看到希望，并坚守到底。

（作者单位　浙江上虞实验中学）

第九辑

激励与惩罚

# 治班"警示钟"

申邦全

为了提高班级管理的效率,班主任往往会采取许多具体的方法进行管理,当然,每一种方法都有它的优缺点,本文就以下方法的不足之处进行具体分析。

## 一、"贿赂式"

1. **事例列举**

    例一:一个学生不喜欢写作业。有一天,他写作业了,于是班主任发给他一块巧克力,说:"这是给你的奖励。"

    例二:一个班干部不愿意为班级服务,班主任就说:"你干吧,等干完了,我允许你明天早上晚来十分钟。"

    例三:一个学生很喜欢上网,班主任就说:"如果你一周不上网的话,我就准许你请假半天。"

2. **类型分析**

这是许多班主任常用的一种教育学生的方式,用起来比较简单,不需要动脑筋,不需要费口舌,并且当时效果也十分明显。

但是,我们不能忽略它的"后遗症"。这种"贿赂式"的奖励,容易使学生形成做任何事情都要讲条件的思维定势。凡事都要讲条件,就连做一些分内的事也要跟人讲条件,这样当然不利于学生的责任感和自律品质的形成，其消极影响是非常久远的。

3. 解决策略

要让学生知道该做什么、不该做什么，还要帮助学生了解其中的原因。另外，如果学生表现良好，班主任要及时给予肯定。班主任长期坚持这样的引导，就会使学生养成良好的行为习惯。

## 二、"无动于衷式"

1. 事例列举

例一：地上有一堆垃圾，班主任没有安排学生来打扫，可是没过一会儿垃圾便不见了。最后，班主任并没有过问是谁扫了垃圾。

例二：一个学生高兴地对班主任说："我今天没有在课堂上睡觉！""这有什么？这是一个学生应该做到的。"班主任说。

2. 类型分析

由于种种原因，我们经常有意无意地漠视学生的良好表现，长此以往，就会打消学生的积极性，影响师生关系。

3. 解决策略

班主任应该及时发现并肯定学生的良好行为，主动帮助学生形成良好的行为习惯，这对学生的一生都是有积极影响的。

## 三、"妥协式"

1. 事例列举

例一：一个学生喜欢在课堂上说闲话，班主任说："你能不能上课时不说闲话？"结果有老师反映，他开始在自习课上说闲话。班主任说："我也只能够要求他做到这一步了。"结果，没过多久他又在课堂上说闲话了。

例二：一个学生不交作业，班主任说："你能不能把你会做的交上来。"结果学生还是没交上来，他说自己什么也不会。

2. 类型分析

这种"妥协式"管理，会让学生认为任何时候犯错都有回旋的余地。因此，他们总是不断地寻找机会，以达到偷懒或违纪的目的。

3. 解决策略

班主任应该坚守原则，不能随意妥协。随意妥协是不可能取得好的教育效果的，也不利于学生的健康成长。

## 四、"先大棒、后面包式"

1. 事例列举

例一：一个学生要请假，班主任了解到其请假理由不充分之后，劈头盖脸地将他批评了一通，可是到最后班主任还是批准了。

例二：一个学生想调换座位，班主任先是不同意，可学生就是站着不走，班主任没办法，只好同意了学生的要求。

2. 类型分析

这种处理方式很常见，从表面来看让学生吃了一点儿"苦"，但实际上却起到了鼓励学生通过"挨批评"来达到目的的作用。因此，这种"先大棒、后面包式"的教育，对学生的发展不仅没有积极作用，相反还会有消极作用。

3. 解决策略

在教育过程中，班主任心里一定要清楚什么是该坚持的事情。对于该坚持的事情，班主任必须坚持到底，这样不仅对学生的成长有积极作用，而且对树立班主任的教育威信也有好处。

## 五、"随意威胁式"

1. 事例列举

例一：常听到一些班主任这样威胁学生："你下次再这样讲话，我决不轻饶你！"

例二：也有班主任对学生说："你再不交作业，我就跟你父母说去！"

例三：还有班主任对学生说："如果你再上网，我就开除你！"

**2. 类型分析**

如果学生犯了同样的错误，你真的会不轻饶他、通知家长或者开除他吗？

我想你不会这样做，因为你的初衷只是想吓唬一下学生而已。但这种"令出不行"的行为将会产生不良影响，让学生产生"班主任说的话可以不听"、"班主任只是说说而已"等错误认识，从而影响班主任在学生心目中的威信，进而影响班主任工作的正常开展。

**3. 解决策略**

班主任在学生面前出言一定要慎重，自己做得到的、对学生有意义的事才跟学生说；明知很可能做不到或者说根本不可能做到的事，就不要跟学生说。

（作者单位　河南鄢陵县第二高级中学）

# 如何合理运用表扬与赏识

陈庆云

班主任经常要用到表扬与赏识这两种教育手段，可在实际运用过程中常常会出现一些问题。这些问题有的是由于班主任对两者的理解不够准确、深刻而造成的，有的是由于班主任对两者的联系把握不准而造成的。表扬与赏识两者都是教育手段，但不是一回事儿，它们之间有一定的差别。

## 一、表扬与赏识的差别

### 1. 指向不同

表扬的对象很广，在德智体美劳诸方面优良的人和事均可纳入表扬的范畴。而赏识的对象则仅限于人的知识和能力。一般来说，人们不会对"知识"的理解产生分歧。在这里，"能力"是指使他在所处的环境里高人一等的东西。

### 2. 目的不同

公开是表扬的显著特征，表扬也是教育他人的一种手段，可以给他人树立榜样，所以，进行表扬时被表扬者可以不在现场，但教育对象必须在场，否则，表扬就失去了其应有的价值。而赏识与公开没有必然联系。有时赏识并不是一种手段，它只是师生间或者说人与人之间的欣赏与钦佩。

因此，班主任应该慎重考虑要不要将对学生的赏识公开。

### 3. 内容不同

能予以表扬的一般是既成事实，内容的既成是表扬的又一特征。赏识则不然。赏识的核心是重视，与内容是否既成没必然关系。比如，可凭某学生此方面的表现推测他具有彼方面的才能，于是对他予以重视；也可凭他在某方面的潜力，对他予以重视；还可凭他在某方面的成就，对他予以重视。这样的赏识可以挖掘学生的潜力，促进学生更好地发展。

### 4. 适用对象不同

根据教育实践经验和学生心理特点，我认为表扬适用于小学生。小学生最渴望得到他人的认同，他们会为了受到表扬而更加努力。年龄大些的学生就不同了，虽然他们内心深处仍然渴望得到老师的表扬，但是由于对社会中的利害关系有了一些了解，他们对老师的表扬也就多了一些顾虑。赏识则适用于年龄较大的学生。年龄大些的学生已经开始思考人生的意义和价值，开始注重培养各种才能，于是，当教师对他某方面的才能予以赏识时，他一般会异常高兴，很少会排斥。

## 二、关于表扬与赏识运用的误区

### 1. 关于表扬运用的误区

误区一：认为好人好事都得表扬。对同一类好人好事，有时需要表扬，有时则不需要表扬。比如，在小学生面前可经常表扬作业整洁的学生，因为能保持作业的整洁对小学生来说很不容易，表扬对他人有号召性，对当事学生则有激励性。但初中生和高中生的情况就不一样了，作业是否整洁，体现的不是他们的能力问题而是态度问题。如果老师表扬他们的作业整洁，不光其他人会不当一回事，就连被表扬者也难有光荣感，教师本人也会有被学生小瞧的危险。就像校领导经常表扬教师的教案书写美观，教师的心里会是美滋滋的吗？所以，并不是任何好人好事都需要表扬，要根据具体对象而定。

误区二：以事情的大小来决定是否表扬。天真无邪的儿童拾到一元钱交给老师与拾到一百元钱交给老师，其行为价值孰大孰小？或许用某一尺度能衡量出其行为价值的大小，但这样的区分未必有意义。比如，班级里随手扔垃圾的现象非常严重，老师发现有一个学生特意把废纸放进了垃圾篓，在班风不良的情况下，这种小举动就很值得表扬。所以，好人好事是否值得表扬，不能单看事情的大小，而要看具体情况。

误区三：不经核实就表扬。把未经核实或道听途说的好人好事拿来表扬，这是非常危险的做法。表扬虚假的好人好事，不仅会导致被表扬的学生不满，还会让教师本人遭遇信任危机。所以，班主任对好人好事务必亲自调查核实，做到宁无不假。

**2. 关于赏识运用的误区**

误区一：不论场合地进行。教师赏识的可以是学生本人或其他人都未意识到的才能，也可以是学生已露端倪的才能，还可以是学生已取得的成就。

对于第一种情况，教师的公开赏识可能会给学生造成很大的心理压力，致使他的才能未成形便夭折。

学生的才能初露时，也不宜公开赏识。我教过一个男生，他平常不肯听课，上课时睡觉、讲话、看课外书的行为都有。有一次，他写了一篇很好的作文，我就公开表示赏识他这方面的才能，想以此激励他。哪知从那以后他似乎特意做给我和大家看，上课时经常睡觉，作文也不肯交了。或许教师的赏识会促使他在暗地里变得更努力，但教师何必给他制造压力，让他成为地下学习者呢？有的学生不想被孤立，又找不到解决的方法，于是有意扼杀自己的才能，甚至故意变得吊儿郎当。此时，赏识他的教师极有可能会成为他怨恨的人。要知道，在很多学生的心目中，同学的接纳和认可比教师的赏识更重要。

若学生的才能已成一定气候，从爱护学生的角度出发，教师应顾及赏识的隐蔽性，比如，可在单独谈话时进行，在作业本上写明。我想，学生并不都希望别人知道老师赏识自己。

误区二：认为赏识一个就可以激发一群。班主任可能都会有这种体会，当你对某个或某些学生表示赏识时，其实顾及不到其他人的反应和要求，通过赏识此人来激励彼人几乎是不可能实现的。我曾经带过的班上有一个女生对课文的感悟相当好，于是我就和她在课堂上进行大量的对话，本想借此促进她的理解，同时也激励其他学生向她学习，可后来我发现课堂上举手的人越来越少了，最后只剩那个女生，学生们大多一副事不关己的表情。可见，把赏识作为激励他人的手段并不可取。

误区三：认为既然赏识的是才能，可世上普通人居多，所以没有几个学生值得赏识。人的才能有大有小，而才能的大小是相对的。一个学生能写一手漂亮的文章是一种才能，一个学生过目不忘是一种才能，一个学生能在宿舍里营造出良好氛围，使宿舍成员关系融洽也是一种才能。他们都非常值得为师者赏识。所以，教师要有一双善于发现的眼睛，及时发现学生的可赏识之处。

（作者单位　江苏阜宁高等师范学校）

# 正确运用写检查

张 生

学期快结束的时候,我在一位同事的桌上发现了一叠大大小小的纸条。同事一笑,随手将纸条往垃圾筒里一扔:"这帮学生不听话,检查也不好好写……"

出于好奇,我要来了这十几份检查。我仔细看了一下,发现每份检查都是寥寥三四句话,结构和内容都差不多,都写得不太认真。难怪同事苦笑,想来他也心知肚明,这样的检查效果不会好到哪里去。

最有代表性的一份检查是这样写的:

检查书

今天上课时我不该违反纪律,我对不起老师,我向您道歉,下次我一定改正!

## 一、这份检查存在的问题

第一,这份检查书的重点指向师生关系,体现了一种不当的管理思想。在这里,管理的基本目的是维护教师的尊严与营造良好的工作环境,而不是保证学生有一个良好的学习生活环境和培养学生的自控意识与能力。

第二,从内容上看不出这位学生在这节课上有哪些不合适的行为,没有写明这样的行为到底违背了什么行为规则。该学生没有分析当时的情境，更没有考虑这样的行为会给别人带来哪些伤害。

第三，缺乏后续交流与追踪改进。通过交谈我发现，这位教师并没有把让学生写检查当作完整教育过程中的一个重要环节。该学生写完检查后，这位教师则不再过问。

从上述几点可以看出，该学生并没有对自己的错误行为进行深刻的反思，他写检查完全是为了应付老师。这样的做法不利于学生责任意识的培养。

## 二、正确运用写检查

运用写检查时，教师应注意以下事项：

第一，让学生写检查并不是为了惩罚学生，其根本目的在于给学生提供一个反思和自我教育的机会，写检查是改变学生不良行为的一种方式。教师要认识到，管理学生不是为了从外部控制学生的行动，而是为了保证每个学生都可以安全、愉快地生活和学习。

第二，规范检查书的内容，教会学生写检查。检查书一般要包括以下内容：

（1）我的什么行为影响了他人；

（2）我的行为违背了什么规则；

（3）我打算怎样做来弥补自己的过失，以重新建立和谐的关系；

（4）需要老师提供哪些帮助。

最后一点特别重要，改进学生的行为是师生共同的责任，它告诉学生，写检查不是惩罚措施，而是老师想通过这样的方式帮助学生形成良好的自控能力，消除可能出现的对立情绪。

第三，做好后续工作，帮助学生改变不当行为。老师要帮助学生分析问题，共同协商改进学生行为的措施。交谈要有针对性，要体谅学生的具体处境，要本着尊重学生、共同解决问题的原则进行。当学生出现转变时，要及时给予鼓励，以增强学生的责任感和自信心。

第四，注意使用场合，不可随意让学生写检查。写检查不是万能药，只有当学生出现了严重过失行为，经多次提醒仍拒不改变时才可以加以运用。让学生写检查时，不要加上许多不必要的指责和嘲讽，要给学生一些思考的时间，不必要求他马上写，否则，非但不会有好的教育效果，甚至可能会引发师生冲突。

（作者单位　江苏如东洋口中心小学）

# 批评的幽默

周 羽

我们的老师虽然年轻,但很幽默,大家都很喜欢她,就连她批评我们,我们也爱听。

一

第一次写作文时,我们大多数人拿着笔唉声叹气、抓耳挠腮,情绪低落极了。她微笑着注视着我们,说:"你们的痛苦状让我想到了一个比喻:你们写作文就像——"说着她转身在黑板上写下"挤牙膏皮"四个字。哇噻,真绝!不过,说来也奇怪,我们的心情顿时轻松了许多,思路也清晰起来了。

学习课文《小二黑结婚》时,外面忽然传来一阵欢腾声,大家立即都伸长脖子向外探。"大家用不着看,我敢肯定,那不是小二黑结婚。"一句话让大家赶紧收回了往外伸的脑袋。

二

不知什么原因,班上有些同学就是不愿意做眼保健操。你瞧,王君正随着音乐装模作样,实际上他的手都没碰到穴位。她走过去,拍拍他的肩:"什么时候学会了气功眼保健操法?"于是王君马上老实了。

该做广播体操了,但有人为逃避做操,居然躲到了门背后,不幸的是被她发现了。"怎么?捉迷藏呢?这种小儿科的游戏我上幼稚园时就不玩了。你都这把年纪了还玩?"话音刚落,学生赶紧跑去做操了。

后来,我们班的做操情况非常好,不仅在眼保健操评比中得了流动红旗,而且做广播体操时,我们班从未有人缺席。

## 三

有的学生的字迹潦草不堪,于是她在其作业本上写下了这样的评语:改你的作业如同识辨"甲骨文",赶快回到21世纪来,OK?

有一段时间,大家都使用涂改液。面对斑斑点点的作业本,她留言道:希望你的作业本上下次不再是"星星点灯"。

有同学不爱惜作业本,不到两个月,作业本的封面和封底就全掉了。她写道:我都替你的作业本叫屈——它既丢了"面子",又掉了"底子",太没形象了。

呵,老师的幽默还有呢!对了,有一次,一位调皮的同学写保证,说今后上课时再也不讲闲话,之后又加了一句"但是,一个巴掌拍不响"。她心平气和地回答道:"当然,你甭去找另一个巴掌拍就行了。"

老师这种幽默的批评虽是重话轻说,却又一语中的,能让我们在诙谐、愉悦的氛围中接受批评,改正缺点。

(作者单位 湖北武汉市第三职中)

# 较　量

杨　聪

徐小甘这学期刚从某村小学转到我班。

开学的第一次作业他就没写。那天中午，我把他叫到了办公室里，他站在我的办公桌旁，一副无所谓的样子。我拿过来一张椅子，说："坐下来吧！"

他愣了一下，摇摇头，还是站着。

"能告诉老师为什么没写作业吗？"我问。

过了好一会儿，他没有回答，我就有些明白了。

我又问："作业没写，你说该怎么办？"

我以为他又会沉默不语，但这次他马上吐出了两个字"打手"，说着就伸出了手掌。

"这么说，你以前没写作业，老师就会打你手？"

他点了一下头。

"打多少下？"

"刚开始是10下，后来是20下，再后来老师想打几下就打几下，没有数……"

我拉过他的手掌，问："这次打多少下？你自己说吧！"

他犹豫了片刻，说："10下。"

"为什么不打 20 下或者更多？"

"这是第一次，应该打 10 下。"他解释道。接着，他想了一会儿，说："老师，您说了算。"

"以前老师打了你那么多下，你改过来了吗？"

他沉默了一会儿，说："没有。"

"哦，既然你没有改过来，那老师今天就不打你手了。当你觉得打了会有用时，再告诉老师。"我放开了他的手掌，又问："现在老师不打你手了，你说接下来该怎么做？"

"罚抄！"他脱口而出。

"怎么个罚法？"

"大多是罚抄课文，有时罚抄好几篇课文，有时一篇课文罚抄好几遍。"

"那好，就罚抄吧！现在你就去教室里把语文书、本子和笔拿过来！"

他很快就回到了办公室，还是站在原来的地方，俯下身子，把书和本子平摊在我的办公桌上，拿起笔，问："老师，抄什么内容？抄几遍？"

"昨天的家庭作业你还记得吗？"

"记得，是抄第一课的第三段，抄一遍。"

"现在还是抄这一段！"我加重了语气，"还是抄一遍！"

他听后，脸上显出疑惑的神情，抓抓头说："老师，你好像没有罚我。"

"你说得对，老师没有罚你。你缺什么就补什么，把该做的做好就可以了！数学老师的那个位子是空着的，你坐那边去吧。站着写字累，而且写不好。"我边说边把他的书和本子移到了那张桌子上。

过了十几分钟，他把写好的作业拿给我看。

我问："写得累吗？"

"不累！"他笑了笑。

"以后能按时完成作业吗？"

他点了点头。

第二天早上，组长告诉我，徐小甘的作业又没写。

我再次把他叫到办公室里。

这次，他一进门就说："老师，昨晚的作业是我忘记写了……"

"没事，老师叫你来，是让你把作业及时补好，你先写作业吧！"我平静地说。

我让他坐在我的位子上写。

上课铃响了，他还没写完。

"停一停，我们先去上课！"我拍着他的肩膀说。

课后，我让他到办公室里继续写作业。

过了一会儿，他写好了。我问："下次能记住吗？"

他想了想，说："能！"

"万一又忘记了呢？"

这次，他没有说"打手"，也没有说"罚抄"，而是说"补起来"。

我微笑着点了点头。

接下来的两天里，他都按时完成了作业。

可是到了第四天，组长说他又没写作业。

他一到办公室里就说："老师，我又忘记了！"

不管他说的是不是真的，我仍然先让他补好作业。他补好作业之后，我说："这样吧，你先把自己忘记写作业的原因写在纸条上，然后老师根据你写的原因，想办法帮助你！"

他这样写道："放学后我一回到家就想玩，玩着玩着，就忘记了还要写作业。以前我都是这样……"

我把纸条念了一遍，说："其实，老师也喜欢玩，有时也会像你一样忘记了该做的事。但老师会请同学们或其他老师提醒，之后能及时把没做的事补好。你也可以这样。这几次，你在组长和老师的提醒和监督下，都及时补好了作业。老师这里有一个可以让你做得更好的办法！你愿意试一试吗？"

他说："我愿意，老师你说吧。"

我说:"老师准备在黑板的左下角设一个栏目,栏目名叫'需要提醒的人'。以后组长检查你的作业时,如果发现你忘记写了,就会把你的名字写在那里。从那一刻起,你就要利用课余时间把作业补好,补好之后拿给组长检查,组长检查后就会把你的名字擦掉,这时你的任务就算完成了。要是作业没补好,你的名字就会一直留在那里,这样,全班同学和老师就会提醒你及时补好作业。你觉得这个办法怎么样?"

他点了点头。

我把这个想法向全班同学说了,最后还做了补充说明:"这个办法是我和徐小甘同学共同想出来的,请大家及时提醒那些需要提醒的同学。"

刚开始,徐小甘的名字偶尔会出现在黑板的左下角,但一两天之后就会被擦去。不知从什么时候起,他的名字再也没出现在黑板的左下角。

不久前,我在徐小甘的日记中读到这样的话:"杨老师,我知道你是真的为我好,你不打手,也不罚抄,而是想了一些适合我的办法,你跟以前教我的老师不一样。其实,在来这个班之前,我不是忘记写作业,而是不想写。现在我开始喜欢写你布置的作业了。"

(作者单位　浙江苍南灵江小学)

# 造句引起的改变

李团结

这次作业的最后一道题是用"虽然……但是……"造句。教室里很安静,我按照惯例对学生进行个别指导,重点目标仍然是坐在最后一排的男孩李泉。每次我都会盯着他做作业,一来想让他养成认真写作业的习惯,二来批改作业时我也省事。"看拼音写词语"他错了两个,我指出来之后,他一一订正了。"比一比再组词",他又错了!我有点不耐烦了,声音也大了许多,他胆怯地低下了头。我检查最后那道题时,发现他是这样造句的:"虽然我爱帮助别人,但是我的成绩不好。"我心头一震,心里酸酸的。的确,成绩不好的他乐于助人,是他每天为班级换上纯净水,是他每个课间把黑板擦得干干净净,当哪一组的值日生忘记倒垃圾时,他拿着垃圾筐就走……他干这些事时,谁也没有表扬过他一句,好像这是理所当然的。此时,这一幕幕是那么鲜明。他今天造的这个句子,让我感到很惭愧。

我指着那个句子对他说:"你愿意把'我爱帮助别人'和'我的成绩不好'调换一下位置吗?"

他抬头看了看我,很快就改好了:"虽然我的成绩不好,但是我爱帮助别人。"

"你读读,感觉怎样?"

"老师,我的成绩……"他有些不好意思。

"你是一个乐于助人的好学生！"我的声音温和了许多，"成绩不好，是因为你以前没有认真学习，咱们慢慢补上来，好吗？"

他露出了久违的笑容。

就是这样的一个句子，让我改变了自己的认识，我决定以后多给予他一些关注。

在以后的日子里，李泉仍然默默地为班级做好事，只是多了我的关注和表扬。渐渐的，他的学习态度发生了变化，作业书写也认真起来了，课堂上敢大胆地举手回答问题了，成绩也在慢慢地提高。最可喜的是，他现在变得越来越自信了。

我们要善于发现学生的优点，并以此为契机激励学生，也许就能给学生带来一束阳光。

(作者单位　江苏邳州四户小学)

# 巧妙的批评

向华梁

有一次我路过曝光台时,发现上面写着"方小明［初三（2）班］,吃东西,很脏"的字样,我突然灵光一闪,觉得这是语法知识学习的最好例子。

"同学们,你们还记得以前所讲的汉语语法知识吗?我想和大家一起来简单回忆一下,先从短语的类型开始,大家想一想,有哪几种类型的短语?"

"主谓短语、动宾短语……"

"不错,主要有五种。那'吃东西'（一边板书）属于哪种类型的短语?"

"动宾短语!"同学们的声音响亮而坚定。

"回答得非常好。如果我们在后面加上'很脏'（一边板书）二字,再请大家思考一下,所加的词起什么作用?"

"补充!"同学们毫不含糊地回答道。

"可惜,这个句子还没有主语,如果再加上一人名,就能构成一个完整的句子了。"(此时有学生好像已经明白了我的用意,在下面偷偷地笑。)

"就以我们班的同学为例吧,加谁的名字好呢?"

"曝光台上有。"

好聪明的孩子，不明说，却指明了。

"接下来大家再划分一下句子成分，这个句子的主语、谓语、宾语、补语分别是什么？"

……

"最后请大家思考一下，在这里主语后用了逗号，宾语后也用了逗号，它们有什么特别的作用吗？"

"强调！"

"在主语的后面用括号标明'初三（2）班'有什么特别的意思呢？"

"强调说明。"

"特别强调。"

这样一来，班上的同学都笑了，而那位学生早已面红耳赤，不好意思地低下了头，我的教育目的也就达到了。

（作者单位　重庆丰都中学）

# 苦肉计

刘兆伟

刚接手四班，我就认识了李浩——一位因从来不做家庭作业而闻名的学生。一周下来，我发现李浩果然从不做家庭作业，我本打算找他谈一谈，可转念一想，他什么样的老师都见过了，用普通的教育方法肯定不管用，于是我决定想好了办法再行动。

一天，我无意中听到他与同学闲聊，他说："做老师真好，自己不用做作业，还可以给别人布置作业……"于是，我有了一个好主意。我与他达成协议：李浩每天认真完成刘老师布置的作业，同时，刘老师每天也要认真完成李浩同学布置的作业。那天放学时，我布置了大约二十分钟的作业量，他由于没经验，给我布置了一个多小时的作业量。虽然累，但我还是认真完成了。第二天，李浩看着我的作业，认真地写了一个"优"。李浩也完成了，虽然字不够端正，我也批了一个大大的"优"。他有些难为情，我却很激动。第二天放学时，我布置了近半小时的作业量，他这次只布置了大约二十分钟的作业量。我们都认真完成了，值得一提的是李浩的字明显端正了。他一直坚持了四天，接下来是周末，凭经验我猜测他可能因为贪玩又会不做作业，于是我特意少布置了一些作业，并半鼓励半开玩笑地说："你可不能违反协议呀！"两天后我满怀希望地去看他的作业，结果却令我失望了，但我依然拿出我的作业让他批，他红着脸批了一个"优"。下午，他把补好的作业拿来让我批,我很惊喜,因为我并没有叫他补作业。

二十多天过去了,我特别高兴,因为李浩每天都能完成作业。可我也很苦恼,因为我不能把家庭作业一直做到他毕业呀。有一次,我要去外地参加一个活动,要五天时间,临走前,我们互相给对方布置了五天的作业。五天后,当我们要互相批作业时,李浩的脸红了,因为他一字未写。当我把作业给他批改时,从来不哭的李浩哭了,而且哭得很伤心,他流着泪对我说:"刘老师,请您放心,以后我一定按时完成作业,我也不再给您布置作业了。"此时,泪水也模糊了我的视线。一年过去了,李浩已顺利升入初二,他实现了他的诺言。

每当想起此事,我心中就一片舒坦。

(作者单位　山东平邑兴蒙学校)

# 惩罚，可以这样进行

梁　好

我家离学校不远，只有一墙之隔。因为家里空间不大，所以我晚上一般把摩托车放在学校里。每天早晨我提前20分钟到学校推车，然后送女儿上学。

这天早晨，我像往常一样来学校骑车，可是骑着车总感觉不大对劲，刚走了几米远车便打起晃来。我熄了火，下车查看，才发现前轮胎已经瘪了，一点气也没有了。

我很奇怪，因为上个星期车子刚刚补过胎，不太可能今天就破了！我仔细打量着轮胎，一枚鞋钉进入了我的视线。又是鞋钉！上星期扎破轮胎的也是一枚鞋钉。"怎么这么巧呢？"我摸着干瘪的轮胎正在纳闷，这时一位三年级的小同学走到我身旁，悄悄地对我说："老师，我昨天晚上打水的时候，看见你们班的李天乐和高小明在扎轮胎。"听这位同学这么一说，我不由得一惊，忽然想起上次我批评了高小明，结果第二天轮胎就被扎了。那天我批评他，是因为他中午偷偷地跑出学校去上网了。而昨天高小明与李天乐因在学校的宣传栏里乱画，又挨了我一顿批，没想到今天轮胎就被扎了。这扎轮胎显然是他们的报复行为！

"这俩小子，太不像话了，居然敢闹我的笑话！"一股怒火顿时蹿遍我的全身。我本想找那两位学生算账，但是学生们现在还在食堂吃饭，没有进教室，我只好作罢。"先借一辆摩托车送女儿上学再说，有你们好看的！"我心想。

在送女儿上学的路上，嗖嗖的凉风吹着我的头脑。我思索着上课的时候该如何教育这两位学生，如果只是轻微的批评，在没有抓住他们"作案"证据的情况下，他们可能会不承认，但我也不能不问青红皂白就狠狠地批他们一顿吧！

正当我左右为难时，一个妙招闪现在我的脑海里。对！我要对他们进行一次巧妙的体罚。

一整天我都装作没事的样子，照常上课。我无意间看到李天乐与高小明在偷偷地看我，那眼神中透着几分得意，也透着几分忐忑，而我的平静显然让他们大感意外。

上午最后一节课是我的思想品德课。距离放学还差10分钟的时候，我向学生们说道："同学们，你们愿意帮老师一个小忙吗？""愿意！""愿意的同学请举手！"孩子们齐刷刷地举起了小手，当然也包括高小明与李天乐。"老师只需要两位同学帮忙，那就请高小明与李天乐吧！因为今天他们俩的表现特别好。"我的话音刚落，教室里立刻出现了一片叹息声，而李天乐与高小明却小声地问我："老师，需要我们做什么？"

"老师的摩托车轮胎不小心被钉子扎破了，吃过中饭后，你们俩能帮我把车推到街上补一补吗？老师今天中午还有别的事情。"我满脸诚意地问他们。一听我提起摩托车，他们的脸马上就红了，但我点名要他们帮忙，他们也只好答应我的要求。

从学校到街上有两里路，让他们推着车走过去，不累得满头大汗才怪。对他们进行一次体力惩罚，相信他们在推车的路上会深刻反省自己的行为，体会自己的错误行为给别人带来的不便。名为帮助老师，实为接受老师的惩罚，这正是教育的巧妙所在。

我正在午睡的时候，听见门外一阵响声，推开门一看，原来两位学生已经将补好的摩托车送到了我家的门口。高小明累得小脸红扑扑的，而李天乐已是大汗淋漓。

"这么快呀！老师真的要谢谢你们！"

"不用谢，应该的。"

"补得结实吗？会不会隔几天还会破呀？"我故意问道。他俩先是一愣，随后连忙答道："不会再破了，补得很结实！"

"结实就好。再说了，要是再破了也不怕，因为有你们这样的好学生帮我呀！下次车子再破胎的话，你们还愿意帮老师吗？"

他们连忙点头。

望着他俩远去的背影，我想，经过这次补胎事件，他们应该明白了不少做人的道理。

（作者单位　安徽宿州市聋人学校）

# 第十辑

# 新人·新班·毕业班

# 如何让学生在新班中找到归属感

张美凤　孙陈建

又是一个新学年，不知有多少新的班级重新组成，不知有多少教师走上班主任这个工作岗位。如何让来自不同地区的学生尽快地融入新的集体，在新班级中找到归属感呢？在长期的班主任工作中，我总结了以下六招，屡试不爽。

## 第一招：名字入诗，寄予厚望

在接手一个新的班级之后，你应该熟记每一个学生的姓名。若遇到一些生僻字，要提前查字典，千万不能在喊名字时出错，要知道这会影响到班主任给学生留下的第一印象。另外，你可以分别从学生的名字里取出一个字来，然后把这些字嵌进一首诗里，当然诗的主题要积极。比如，2000年我接手一个新班后，把学生的名字嵌进了一整首诗里，诗的标题为"春之诗——献给高一（2）班全体同学"。当我把这首诗声情并茂地朗诵给学生们听时，他们个个面露喜色。

## 第二招：互相介绍，增进了解

让学生做自我介绍是必不可少的。这一招几乎所有的班主任都会用。

我要说的是，学生做自我介绍时不能走过场，不能是诸如"我叫××，来自××，喜欢××，请大家多多关照"之类的简单几句。在学生做自我介绍之前，教师要进行适当的辅导，要让学生展现各自的风采，这对学生之间增进了解是有很大帮助的。

### 第三招：人人在岗，服务大家

班主任可以采用"竞标"的方法将劳动岗位分配给学生，以便学生各施所长，但必须是人人有岗，各司其职。这有利于学生树立起"我为人人，人人为我"的公德心。学生们可以在自己的"责任田"里洒播汗水，并以此获取同学的认可，从而尽快找到归属感。

### 第四招：拍"全家福"，见证成长

通常，我们只会在学生学业结束时才合影留念。其实，我希望我们的班级就像一个温暖的家，学生们亲如兄弟姐妹，大家互相帮助，共同提高。所以，在一个新的班级组成后，我都会组织学生拍一张"全家福"。这张"全家福"标志着新生活的开始，孩子们会非常乐意珍藏这张记录他们新起点的照片。

### 第五招：签名赠卡，感受温暖

新班组成之后，我都会把孩子们的生日记下来。在学生过生日前，我们班的生活委员会利用班费购买一张贺卡，然后让全班同学在上面签名并写上祝词，并且要求班主任和任课教师也要写上祝词。这个活动不但拉近了学生与学生、学生与老师之间的心理距离，还帮助不少学生避免了互相庆祝生日所带来的一系列烦恼，可谓一举多得。难怪有学生在日记中写道：

"我从来没有像现在这样盼望生日的到来。"

## 第六招：办好班刊，记录进步

一个班集体形成之后，一般会存在最多三年的时间，这对于人的一生来说也许不算长，但对于成长中的孩子们来说却是颇有意义的。我们应该把每个学生成长中的点点滴滴都写进班级的刊物。具体栏目设置可以有"优秀习作"、"班级信息快报"、"家长论坛"、"学法指导"、"老师下水文"，等等。渐渐的，学生就会融入班集体。

（作者单位　江苏如东岔河中学）

# 开学了,给您支几招

杨富娥

新学期,新气象,新老师,新伙伴,自然要有新故事上演。班主任应该如何做好开学工作呢?我给您支几招。

## 开一个新颖别致的相识会

面对着新老师、新伙伴,学生们多少会有些新奇、有些拘谨,那我们就开一个新颖别致的相识会吧。来一段自我介绍,唱一支喜欢的新歌,跳一段流行的街舞,做一些个性化的展示,读一篇自编的小诗……记住要全员参与,全员竞技!这样,既可以让老师与学生、学生与学生相识相知,又可以拉近彼此之间的距离,缓解紧张的气氛,还能为我们的班主任老师提供发现人才的机会!切记:相识会要新颖别致,不可让相识相知的过程淡然无味!

## 假期作业大比拼

不要因为更换了老师,就将学生的假期作业置于被遗忘的角落里。开学了,我们不妨来一次假期作业大比拼。可以先将学生分组,让小组成员之间进行互评，并选出本小组最佳假期作业；然后让各小组之间进行互评，并选出本班最优秀的作业；接下来将本班最优秀的作业展现在全体学生面前，还可以让优秀作业的小主人讲解作业完成的经历以及自己最满意的地方。在这个过程中，每个学生都会产生不同的情感体验，或自豪，或羡慕，或佩服，或愧疚，教育目的也就在不知不觉中实现了。之后，班主任还可以开一个"假期作业门诊部"，将假期作业中的重点、难点收集起来并进行会诊，让学生在自我评判、修改、提炼中提高自己的作业水平和知识水平。

## 给学生的不良行为把把脉

作为班主任，我们常常会抱怨学生的"忘我"、"忘形"和屡教屡错。我们的学生为什么不长记性呢？我们可以尝试着每日给学生的不良行为把把脉。每日给学生五分钟进行自我反省，让学生回忆一天的经历，反思一天的得失，然后开诚布公地把自己的心得说出来，并诚恳地请求大家指正或监督，从而及时改正缺点，克服不足。班主任老师要准确把脉，帮助学生改正不良行为。

## 班级计划大家拟

我们应该坐下来听一听学生们的建议：该春游时就去春游；学生的朗诵差就举行一次朗诵比赛；学生的书写差就每日一练，每周一评，每月一展；学习奖固然要有，卫生奖也不可缺少；班长轮流当；学习委员不一定由学习成绩最好的学生来当……听完孩子们的心声后，你一定会觉得我们班主任制订工作计划其实有"章"可循，有"法"可依。学生们依照自己拟定的计划去学习、生活，热情不高才怪呢！"以人为本"、"兴趣为源"、"鼓励个性"是班主任应遵循的重要原则。

## 组织一次包书皮比赛

　　师生一起找来往年的挂历纸、废旧的美术书等，把新书都包起来。学生们互相借鉴，互相学习，共同讨论怎样把书包得更漂亮、更精巧。书皮包好之后，让学生在书皮上工工整整地写上科目的名称、班级、姓名，然后再来几朵零星点缀的小花，或几颗耀眼的小星星，或几句激励自己的座右铭。接下来让学生比一比谁的书皮包得最好。在这个过程中，学生不但懂得了爱护书的重要性，也有了一定的环保意识。

（作者单位　河北迁西第三实验小学）

# "班丑"不可外扬

刁云侠

有一些新班主任接手新班后,总觉得学生不听话,工作不顺心,因而常常牢骚满腹,怨气冲天,在外极言班级之丑,对班级存在的问题大加宣扬或大肆夸张,经常说诸如"真没想到这个班竟然这么差!""原来这个班上的差生这么多!"之类的话。这样的班主任恰似一个百般挑剔的买主,逐一列举货物的缺陷或不足,千方百计地贬低它的价值。

班主任的这些表现,主要源于三种心理:一是急躁。易发牢骚的教师往往很爱面子,上进心很强。他们接班后,急于求好,结果却不理想,因而产生怨气。二是推卸责任。其实班主任之所以这么做,是想让大家知道,班里出现的这些问题,在他接班前就已经存在了,根本不是他造成的,责任在于前任班主任。三是彰显能力。班主任或许还有这样的心理:这个班的基础如此之差,倘若能转化好,则是我的功劳;倘若转化不好,也不是我的能力问题。

但是我认为"班丑"不可外扬。倘若将"班丑"外扬,就会产生以下负面影响:

一是不利于教师间的团结协作。宣扬班级缺点,从某种程度上说,是对前任班主任工作的否定,夸大其词更是一种诋毁,极易伤害对方的自尊心。新班主任还需要前任班主任的支持和帮助,如果将"班丑"外扬,无疑是在给对方泼冷水,会让对方失去帮助你的热情。

二是不利于师生间的情感交流。班主任的眼睛只盯着学生的缺点，以局外人的身份来评判学生，说学生这也不是，那也不好，这非常不利于建立平等、民主、和谐的师生关系。学生在前任班主任眼里很可能是好孩子，如果新班主任过分地求全责备，很可能会让学生有"失宠"之感，从而产生逆反心理。

三是不利于班级荣誉的维护。如果将"班丑"在全校师生面前公开，就会让人觉得这是一个不好的班集体。对于一个集体来说，一旦荣誉受损，就会严重损害每个成员的自尊心，就会让他们觉得矮人三分，抬不起头来。

四是不利于班主任形象的树立。若一个班主任对新接任班级存在的不足大加宣扬，那么，这个班主任的品德、能力也令人怀疑，他在师生心目中的形象就会大打折扣。

五是不利于学生的健康发展。有些基础差的学生，也许正想利用换班主任这一契机，在新班主任还不了解自己的底细前来个改头换面。揭"短"无疑会破灭他的希望，使他丧失进取的信心。

那么，教师特别是班主任接新班后，应怎样对待"班丑"呢？

一是端正认识。金无足赤，人无完人，班级也是如此。由于教师的素质不同，运用的教育教学方法不同，教师接新班后，师生间暂时的不适应是正常的，不默契更是在所难免的。因此，教师既要正视班级的不足，又要肯定其长处。

二是正面宣传。教师接新班后，要尽可能地发现班级的闪光点，积极地宣传"班美"，不要像挑剔的买主那样，心里已经认可了货物的价值，嘴上却尽挑毛病。教师要把有价值的东西拿出来和大家分享。劲可鼓，不可泄。

三是学会"遮丑"。教师要努力建立一个新的班级形象。对班里某些学生的缺点，教师可佯装不知，淡化它，给学生一个改进的机会。教师不要老抓学生的"小辫子"，不要让学生把缺点背一辈子。"遮丑"不仅有利于新的班级建设，也有利于学生的健康成长。

（作者单位　山东胶州方井小学）

# 后 记

现代班级管理既是一门科学，又是一门艺术，科学是严谨的，而艺术是灵动的，要将二者有机结合起来，就必须依靠班主任的实践智慧。什么是班主任的实践智慧呢？

所谓智慧，是指不拘教条的辨析和创新能力。班主任的实践智慧主要表现为班主任对班级管理工作的规律性把握、创造性驾驭和深刻洞悉、敏锐反应以及灵活应对的综合能力。班主任的实践智慧是在班级管理知识、经验习得的基础上，在理性、情感等因素共同作用下生发的。

大体来讲，班主任的实践智慧具有三个特点：其一，动态生成性。班主任工作对象的特殊性和教育情景的复杂性，要求他们在具体的班级管理实践中随机应变。因而，班主任的实践智慧永远处于发展、生成的过程中，无固定形态，也没有一定的标准。其二，缄默性。班主任的实践智慧往往表现为班主任面对特定情境瞬时的直觉反应，可意会不可言传。其三，个体独特性。由于年龄、成长经历、生活背景、思维方式、行为特征等方面的差异，不同的班主任形成的实践智慧往往具有独特性。一个具有实践智慧的班主任在复杂多样的问题面前往往能随机应变，而不是拘泥于固有的经验。

既然实践智慧是动态生成而无固定形态，趋于内隐而难以言表，具有独特性的，那么就不能采用讲授法来直接传递实践智慧。由于时空的限制与班主任个体背景的不同，班主任不可能都通过亲历的方式来获取隐性知识。怎么办？案例式学习就是一种很好的方法。那么，什么是案例？班级管理案例又有什么样的特点呢？

案例其实就是经历。班级管理案例就是在班级管理实践中发生的、具有典型意义的情景、轶事、故事等。概而言之，班级管理案例具有过程的亲历性、故事的生动性、事件的典型性和意义的启发性等特点。案例式学习，可以促进隐性知识与显性知识的不断转化，通过具体的情境，将隐性的知识外显，或将显性的知识内化。通过案例式学习，可以寻找有关班级管理的共通性的特质和准则，从而达到提升实践智慧的目的。

当今，班主任工作已成为中小学的主业，专业化发展更是要求班主任由传统的"体力型"向"智慧型"转变。正是为了满足广大中小学班主任提高管理效能、提升实践智慧的需求，我们主编了《班级管理智慧案例精选》。

本书的案例全部来自《班主任之友》杂志。选择案例的工作无疑是浩繁与艰辛的，然而，在这个选择的过程中我们体验到了快乐。我们欣喜地发现，《班主任之友》杂志中有太多太多的好文章。一个个凝聚着班主任实践智慧的"金点子"，一则则风趣幽默、闪耀着人性与智慧之光的教育小故事，深深地吸引着我们。由于篇幅的限制，对于很多好文章，最终我们不得不忍痛割爱。

我们选取的案例大致可分为两类，一类是侧重于叙事的教育故事，一类是侧重于反思的经验总结。前者给人轻松愉悦之感，后者则需细细品、慢慢悟。

本书由熊华生任主编，李慧任副主编。陈雪娇在收集、筛选案例等方面做了大量的工作。

相信广大的读者朋友能够从这本书中获得有益的借鉴和启发。希望这本书能够引领您形成属于自己的班级管理智慧。

编　者<br>
2010 年 10 月

## 图书在版编目（CIP）数据

班级管理智慧案例精选/熊华生，李慧主编. —上海：华东师范大学出版社，2010.12
ISBN 978-7-5617-8312-2

Ⅰ.①班… Ⅱ.①熊… ②李… Ⅲ.①中小学-班级-学校管理-文集 Ⅳ.①G632.421-53

中国版本图书馆CIP数据核字（2010）第241828号

大夏书系·班主任专业成长丛书
## 班级管理智慧案例精选

| 主　　编 | 熊华生 |
|---|---|
| 副 主 编 | 李　慧 |
| 策划编辑 | 李永梅 |
| 审读编辑 | 李热爱 |
| 封面设计 | 李　妍 |
| 责任印制 | 殷艳红 |
| 出版发行 | 华东师范大学出版社 |
| 社　　址 | 上海市中山北路3663号　邮编200062 |
| 网　　址 | www.ecnupress.com.cn |
| 电　　话 | 021-60821666　行政传真021-62572105 |
| 客服电话 | 021-62865537 |
| 邮购电话 | 021-62869887　地址　上海市中山北路3663号华东师范大学校内先锋路口 |
| 网　　店 | http://ecnup.taobao.com/ |
| 印 刷 者 | 北京密兴印刷有限公司 |
| 开　　本 | 787×1092　16开 |
| 印　　张 | 15 |
| 字　　数 | 207千字 |
| 版　　次 | 2011年2月第一版 |
| 印　　次 | 2023年6月第二十次 |
| 印　　数 | 61 001－63 000 |
| 书　　号 | ISBN 978-7-5617-8312-2/G·4873 |
| 定　　价 | 52.00元 |
| 出 版 人 | 朱杰人 |

（如发现本版图书有印订质量问题，请寄回本社市场部调换或电话021-62865537联系）